教えられること教えられないこと

明石要一

さくら社

まえがき

「教えられること」と「教えられないこと」の違いを自覚していた人物として思い浮かぶのは、自身も名選手として鳴らし、後にヤクルト、阪神、楽天とプロ野球監督を歴任した野村克也ではないでしょうか。

彼は監督就任の時、球団オーナーに「四番を打てる打者とエースを任せられる投手を、外国からスカウトしてほしい」と要望しています。トップバッターや九番はキャンプなどで鍛えれば育てられるが、四番打者とエースは天性のものなので育てることができない、という持論を持っていました。

また、同じようなことを、徳島県の池田高校野球部を率いた名監督・蔦文也も言っています。彼は新入生にはみんな同じチャンスを与えますが、入学時に遠投をさせます。そして、九〇メートルを投げる者は、文句なしにレギュラー候補にするそうです。地肩の強さは教えようがない、との認識です。

野村・蔦という両監督は、天性の才能と努力して身につく能力の違いを明確に意識していました。

なぜ、今「教えられること」と「教えられないこと」にこだわるのか——これを意識することが、これからの時代を生きる上で確かな力になると、考えているからです。

第一に、先の見えない時代が到来しています。

予測不可能な時代。これまで当たり前と思っていたことが通用しなくなり、正解のない混沌とした時代に突入しています。そのスピードも速く、変化のスケールも大きい。私たちは今やＳｏｃｉｅｔｙ５.０といわれる新しい社会の入り口に立っているのです。

これは、いうまでもなく人類がこれまで歩んできた狩猟社会、農耕社会、工業社会、情報社会に次ぐ、新たな第五の社会です。ＩＣＴ（Information and Communication Technology：情報通信技術）やＩｏＴ（Internet of Things：モノのインターネット）などのデジタル革新により「社会のありよう」を変えようとする社会です。国連もビッグデータ、人工知能（ＡＩ）、ロボットなどを最大限に活用して17の持続可能な開発目標（ＳＤＧｓ）を実現させよう、としています。

ＳＤＧｓの17の開発目標の中でも、私はとりわけ、４の「質の高い教育をみんなに」という目標に着目しています。教育からこれからの社会の在り方を変えていきたいのです。

第二に「人生百年時代」です。寿命が延びることによって、私たちはこれまでに想定しなかったステージに直面します。

現在、百歳以上の人口は八万人を超えています。千葉県の銚子市の人口が六万人弱（令和三年一月現在）ですから、それよりも多くの方が百歳を迎えています。民間のシンクタンクによれば小学五年生が百歳になる頃、半数近い人が百歳まで生きるそうです。

人生百年時代で大きな問題となるのは、学び方です。学び方が大きく変わってきます。

学校社会に所属する年数は変わりませんが、その後の「脱学校社会」の年数が大きく伸びるからです。保育園や幼稚園なども含め、学校社会で学ぶ期間はおよそ二十年間ですが、その後の脱学校社会を生きる年数は八十年間となります。学校社会の四倍です。

これまでのような、学校で教わる学びだけでは通用しなくなります。「学校知」だけでは耐用年数が持ちません。「学び直し」が必要になります。新しい学びを身につけるリカレント教育（生涯学習）が求められるのです。

その姿が具体的に現れ始めています。教室での学びだけでなく、インターネットを使ったeラーニングが登場してきました。無料で学べるオンラインの大学講座「ＭＯＯＣ（東京大学）」や「ｇａｃｃｏ（ガッコ：ドコモ）」などが人気を博しています。「ｇａｃｃｏ」では小学生から九十歳までの人が学びに参加しています。

また、東京都文京区の図書館では高齢者を対象とした朗読会で実験的にロボットを使ったところ、なかなか評判がよく、新しい学びの一つとして注目されています。

学校社会の中に関していえば、あと十年もすれば事務職の多くはＡＩでカバーされるでしょう。教科指導は半数が、ビッグデータを駆使すれば展開できるようになるでしょう。良質の発問を蓄積することによって、若い教師でも児童生徒から多様な発言を引き出せるようになるでしょう。

これからの学び方において、ＡＩと競争しても無駄です。教師は、ＡＩが苦手とする学び方をいかに身につけさせるかを考えなければならないのです。ＡＩと競争するのではなく、ＡＩと共存できる学び方の獲得が求められます。

「誰でも、いつでも、どこでも」学べる時代がそこまで来ているのです。

第三に、教育界に起こっている学びの内容の変化です。この時代に対応できる情報リテラシーの育成が叫ばれています。二〇二〇年度からの学習指導要領ではプログラミング学習が取り入れられました。

さらに、それ以上に関心を持たれているのが、ＡＩに負けない子どもたちの育成です。

国立情報学研究所の新井紀子らの研究では、ＡＩでは東大に合格できない、というエビデンスが提供されています。ＡＩは問われた質問に答えることはできるが、自ら「問い」をつくることはできないといわれます。新井は、これからはＡＩができないことを身につけることが必要だ、と力説しています。そして、そのためには読解力に力を入れ、言語の力を育成していくことが大切だといいます。

「問い」をつくることができる言語力の育成が求められているのです。


第四は生（ナマ）の体験です。これもＡＩの弱点です。ネット上の架空の社会ではない、直接体験をすることです。

体験活動の重要性はこれまでにもしばしば指摘されてきました。しかし、どのような体験がなぜ必要か、体験するとどのような力が身につくのか、エビデンス・ベース（科学的根拠に基づいて）で語られてはきませんでした。

体験活動は大切です。これについては誰も否定しません。ところが、その体験が「教えられる」ことなのか、それとも「教えられない」ことなのかについては、はっきりしていないのです。「教えられる」ことがはっきりしさえすれば、教師はそこにエネルギーを注げばよいのです。

アスリートの世界には、ゴールデン・エイジという言葉があります。そのスポーツをいつ始めればよいか、という疑問に対する答えです。

サッカーを始めるには、中学生では遅く、小学校三、四年生から始めなければプロとして通用しない、といわれています。中学生で始めたのでは、ノンプロで通用しても、プロでは使えないそうです。つまり、どう教えるかより、いつ始めるかという適時性が強調されているのです。

動物行動学では「刷り込み理論」（インプリンティング）があります。コンラッド・ローレンツのハイイロガンの実験は有名です。ハイイロガンの雛は孵化した直後に見た、目の前で動くものを自分の親と思い、その後をついていく習性があります。ふつうはそれが親です。ところがローレンツは、親の代わりに雛の前に風船を飛ばしました。すると、雛は風船を親と思いこみ、それについていったのです。教育界でいう「三つ子の魂百まで」に通じるものです。

日本の教育界においては従来から、「どう教えるか」についての研究が重ねられてきました。時代の変化に伴って「何を教えるか」、そして学び方に変化が生じてきたことは明らかです。これに加え、右記のように「いつ教えるか」についても、少しずつエビデンスが揃い始めています。

しかし、体験によって「教えられる」ことは何か、そして「教えられない」体験とは何かについては、未だ暗中模索の状態なのです。課題意識と方法論が不足しています。

これまで教育といえば、「教えられること」を前提にしてきました。「教えられないこと」は視野になかったのです。しかし、今の時代になるとその前提を疑う必要があります。

「教えられること」と「教えられないこと」を自覚し、その基準をハッキリさせなければならないのです。

本書はこの課題に答えようとするものです。

二 「教えられないこと」は何か——育てることの目標 42

五　難しい「今」の教育――タイミングは教えられない　86

八 実践課題は何か——学校改革の視点2 123

教えられること　教えられないこと

序 「長嶋的」と「野村的」

これまで教育界は、「どのような子どもに」「何を」「どう教えればよいか」を追究してきました。「どのような子ども」は、研究領域では子ども社会学、発達心理学で主に解明してきました。そして、「何を」は教育内容ですから、主に学習指導要領で示されてきました。教育内容は時代とともに変わるので、日本では十年に一度その見直しがなされてきました。研究領域では教育課程（カリキュラム）となります。

「どう教えるか」は教育方法です。「どう教えるか」には表裏として「どう学ぶか」があります。教師の夢は、一言の言葉を発することなく一時間の授業が進行し、子どもたちが課題に取り組む姿が自分の教室に見られることです。

始業のチャイムが鳴り、起立・礼をしてから教師の指名がなされることなく、子どもたちが自ら課題設定をして活発な討論を重ね、問題の解決方法を提示する。そして終業のチャイムと同時に起立・礼で終わる。教師の関わりを少なくし、子どもたちが自ら学ぶ課題を見つけ、解決方法を考え、問題を解決し、新しい提案をすることが、教育の究極の目標なのです。

ところが、これまでは、教師は子どもにどこまで教えられるのか、どこから教えられないのか、どこから子どもに任せればよいのか、がそれほど強く意識されてきませんでした。暗黙のうちに「教えられること」が前提とされ、あとは「どう教えるか」だけに論点が集中してきました。子どもにはどこまで教えれば自分で学び始めるのか、自ら学ぶ動機はどこから生まれてくるのかなど、「どう学ぶか」に関する問いに答えてきませんでした。

例えば、「教える」と「育てる」はどう違うのか、「身につける」と「伸ばす」はどう違うのか、「習う」と「慣れる」はどう違うのか。これらに対するエビデンスがないのです。

そこで、私の好きな日本プロ野球界、なかでもその対比が特徴的とされる長嶋茂雄と野村克也という名選手から監督経験者となった二人の人物のイメージの対比を素材にしながら、教え方と学び方の違いという根源的な問いに対する考え方を示してみたい、と思います。

長嶋は「記録よりも記憶に残る人」といわれてきました。論理より感性が強く、その独特のひらめきは「カンピューター」ともいわれました。人に気持ちを伝えるときは、手紙やメモなどの文字でなく、身振り手振りの動作や口伝を使うそうです。

こんな逸話もあります。かつて読売巨人軍に在籍した松井秀喜がメジャー・リーグのニューヨーク・ヤンキースに移籍した後のこと。調子が上がらず、ニューヨークから電話で相談をしてきた松井選手に、長嶋は電話口で「バットを振ってみなさい」と、しばらくその場で素振りをさせたそうです。やがて、「シュッ」とバットが風を切る音に変わるのを聞くと「その音ならOK！」と言い、翌日から松井選手は調子を取り戻した、と伝えられています。

長嶋の生き方は積み上げでなく、相撲界で伝わる「三年先の稽古」。三年先の結果からの逆算を考えた方程式です。目標を設定し、目先にとらわれることなくそこに向かう段取りをします。その上で、「明日」を考えるのではなく「今」に精神を集中して取り組みます。

フットワークよく、頭を使うよりも足を使います。机に向かうより足で稼ぐタイプなのです。経験知を大切にし、知識より知恵を重んじます。人類の歴史にたとえるなら、時代は弥生系より縄文系です。手間暇をかける稲作の農耕文化ではなく、一攫千金を狙う狩猟もしくは海洋文化です。ですから、判断力より決断力、想定内より想定外の対応が身についています。

これらに当てはまるものを、私は「長嶋的」と呼ぶことにしました。

一方、野村は記録の人です。選手時代にも監督となってからも、数々の記録を残してきました。そして、感性より論理が強い。その戦術はデータを駆使したID野球といわれました。

人に気持ちを伝えるときは、もっぱらレジュメを用意し、レクチャーしました。野村のキャンプでのミーティングの長さは有名です。ホワイトボードに板書しながら延々と講義する。選手はそれをノートに取りながら聞くのですが、一回のキャンプでのミーティング・ノートは二、三冊にもなったそうです。

作戦は足より頭を使いました。机に向かいデータという知識を重んじ、相手投手の癖を読みました。監督時代の投手起用では、一年間百三十試合を頭に置きながら、勝ちに行く試合と負け戦を分けていた、といいます。「今」より「明日」を考えた生き方だ、といえるでしょう。

テスト生として二軍から這い上がり、血のにじむような努力で一軍に這い上がっていった野村は、時代的には縄文系ではなく弥生系で、コツコツと努力を重ねます。狩猟・海洋文化より農耕文化です。決断より判断が得意です。ボヤキが口癖で、楽天監督時代は、入団一年目の田中将大が四回で五失点しながらも勝利投手になった際には、その神がかり的な出来事に手放しで褒めそやすのではなく、「マー君、神の子、ふしぎな子」というタイムリーなフレーズを提供しました。想定外より想定内で「あっ」といわせる言語力を持っています。

これらを総合して、私は「野村的」と呼んでいます。

長嶋的なものは社会教育（世間教育）を反映しています。教えるより引き出すのが得意です。野村的なものは学校文化を反映しています。きっちり教え込むのが得意です。野村的なものが学校だとすると、社会教育を反映した長嶋的なものは、公民館ではないでしょうか。

そこで、長嶋的な公民館と野村的な学校について考えてみたいと思います。比較すると、五つの点で大きな違いが見えてきます。

	公民館	学校
1	修了	卒業
2	資料	教科書
3	答えが複数	答えは一つ
4	講師を選べる	教師を選べない
5	メダカの学校	スズメの学校

一つ目、学校は「卒業」するものです（小学校から大学まで）。既定の学年を終えることで学習は一丁上がりとなります。そのため、卒業時に制服や帽子、それから教科書も捨ててしまうことが多いでしょう。一方、公民館では、何かの講座を受講したとしても、その終わりを卒業とはいいません。「修了」と呼びます。終わるのではなく修めることでおしまい、とするのです。そして、修了するごとに次の学びの課題が生まれます。

学ぶときの基本的な教材は、学校では「教科書」です。教科書は国の検定を受けた教材で、基本的に、教師は勝手に選べません。公民館での教材は「資料」と呼ばれ、講師に自由な選択の権利があります。（そのためばかりともいえませんが）学校では正しい「答えは一つ」になりやすく、公民館での答えは一つとは限りません。開催された講座、学びの場によって「答えが複数」あるといえるでしょう。

また、学校では学習者が教師を選ぶことはできません。児童生徒は「教師を選べない」ため、ささやかな願望として席替えを望みます。公民館では講座のプログラムと担当講師を見てから受講を決めます。自分の学びたい内容によって自由に「講師を選べる」のです。

さらにいえば、公民館での学びは童謡で歌われる「メダカの学校」です。誰が生徒で先生は誰なのかわかりません。教える人と学ぶ人がみんなフラットな関係で、元気に遊んでいるのです。一方で学校は「スズメの学校」です。先生はムチを振っているので、すぐにわかります。教える人と教わる人のスタンス（立場）が固定しているのが学校です。

こうしてみると、学校は釣り堀で魚を釣るのに似ています。釣り堀には魚がいるのが前提で、どのポイントでどの時間がよく釣れるか、を大切にします。同様に学校も子どもが来ることが前提となっていて、午前中に国語・算数を、午後から体育・音楽・図画工作といった教科を割り振り、どの時間が学習に適しているか、を考えカリキュラムを編成します。

それに比して公民館は太平洋か東京湾で魚を釣っているようなもので、魚がどこにいるかわかりません。それでもこれまでは魚（学習者）に対して釣り人（学習の機会）が少なかったので、経験とカンを頼りにある程度集めることもできましたが、魚の群れに対して釣り人が増え、魚も賢くなってきたこれからは、科学的な魚群探知器を使い、ユーザー分析もしなければなりません。学習者は、一度は来てくれますが、プログラムが悪ければ二度目は来てくれません。リピーターが増えなければ継続することができないのです。


これからの時代、「社会教育的な学び」がますます必要になってくるでしょう。学校での学びを否定するのではなく、これまでの学びを基礎にしながらも、新たにＡＩに負けない、ＡＩと共存できる学びを身につけていくことが求められます。学び方のギアチェンジの時です。

今、何が求められているかといった課題を発見でき、多様な疑問を持ちながら解決への道筋をつけるための質問力を身につけ、「問い」を考案できる人材を育成しなければなりません。そのためには「教えられること」と「教えられないこと」を峻別し、どこまでが教え込めることなのか、どこを体験に任せるかの判断が、私たち教師に求められます。

一 「教える」と「育てる」の違い——考えるためのキーワード

「教える」と「育てる」の違いを考えるとき、どのような点に注目すればいいのでしょうか。この章では、「教えられること」と「教えられないこと」の基本的な言葉に注目します。

1 「教える」と「育てる」

人は教えられなければ人間とならない——。

オオカミに育てられたという子どもたちは、確かに育てられ、肉体的に成長はしましたが、人間としての行動・作法を教わることはありませんでした。

私たちはそれぞれの家庭で、その家の生活習慣や文化、伝統、作法を教わってきました。学校でも、読み書き計算という基本的な知識・技能と、考える力や判断する力、それから伝える力を教わりました。

地域社会では、放課後友だちと一緒に遊ぶことで楽しみや競争と協力の大切さを学びました。それから、地域の人との交流で「世間と身内」の違いや町の人のホンネとタテマエも学びました。

社会が安定している時代では、「教えること」の内容が明確です。また、その社会が持続するために、その内容がきちんと次の世代に伝えられればいいのです。

このように「教えること」とは、本来保守的な行為です。今ある作法や行事、それから仕組みや生産方法を教えることで継続させていきます。この方法は、時としてマンネリ化を生みますが、それはすなわち再生産が可能だということです。

その意味では、安定した時代に適しているといえるでしょう。身近にお手本がありますから、教えることは、それほど難しくなかったのです。

お手本のある時代の教え方の基礎基本は、次の二つとみることができます。

やって見せる
言って聞かせる

この方法を駆使すれば、子どもはたいていの知識や技能を身につけることができました。

しかし、社会の変化が激しく、価値が多様化し、科学技術の進歩が著しい時代になると、何を教え、何を、どのように身につけさせればよいか、ハッキリしなくなります。

今は教える内容と教え方が見えなくなっています。お手本が消えてしまったのです。

ここから、「教えられること」と「教えられないこと」の峻別が大切になってくるのです。

一方、育てることは、教えること以上に困難を伴います。性格や身体的能力、技能など、一人ひとりが持っているモノが違うのです。その違いを認めながら、良さを育てなければなりません。

「才能」は教えることはできません。引き出すのです。引き出して育てるのです。

しかし、いつチャンスを与え、どのようなアドバイスをして、どう褒めれば子どもがやる気を出し、才能を開花させることができるか、現状では、暗中模索の状態です。

今、塾の世界では、授業をしないという「武田塾」が脚光を浴びています。授業をしないということは、基本的には「教えない」のです。

これまでの教育は「わからせる」ことに力点を置いてきました。そこに批判を向けて、「わからせ」

「やらせる」

「できる」

仕組みをつくったのです。

これは何も新しいことではありません。日米開戦時に連合艦隊司令長官であった山本五十六は、人を動かすには次のようなステップが必要と言っています。

やってみせ　言って聞かせて　させてみて
ほめてやらねば　人は動かじ

人を育てるのには、お手本がありません。だから（まずは自分がやってみせ、言って聞かせた後に）、実際にやらせてみてほめる。そうして、できるようにさせなければなりません。その最も中核となるのが、ほめることになります。どういった状況の元で、どのタイミングで、どのような言葉で言えば人のやる気が生まれるのか。大いに検討に値します。

現代において、人を育てるのがうまいといわれたのが、野村克也です。

彼は「財を遺すは下、仕事を遺すは中、人を遺すは上とする」という言葉を大切にしていたそうです。とにかく人を育てること。野球界に対する自身の貢献も、一番はそこにあると考えていたようです。それほど人を育てることに重きを置いた。そして、実際に人づくりの名人でした。

ちなみに、このフレーズは東京の市長や台湾の民政長官であった政治家、後藤新平が亡くなる前に、ボーイスカウト日本連盟第四代総長であった三島通陽に伝えた言葉、といわれています。それを野村が引用して世間に広まりました。

野村は、各球団で解雇された選手を引き取り、新しい才能を引き出し、再生させたのです。投手では南海時代の江夏豊にはじまり、江本孟紀、吉井理人など、打者では小早川毅彦、山﨑武司らを見事に復活させました。その例は枚挙にいとまがありません。

「教えること」とは、たとえていえば富士山の登り方を伝授することです。どのような服装で行けばよいか、持ち物は何か、高山病への対策はどうすればよいか、などを伝えることです。

一方で、複数ある富士山の登り方から、どのルートがその人にとって最適かを見極めてやることが、「育てること」です。それは、教えることが難しいことなのです。

2 「発問」と「質問」

発問と質問の決定的な違い。それは、発問は問いを発する人が答えを知っているが、質問はそれを発する人が答えを知らない、ということです。

よい授業は、発問がしっかりしています。それに対し、まずい授業では、教室が重たい雰囲気になったとき、「何か質問はないか」などと子どもに助けを求めてしまいます。

必ずしも授業中に教師が質問してはいけないわけではありません。授業の終わり五分前頃、「これまでの授業で何かわからないところはありませんか」と、質問をすることがあります。この質問は大切です。言ったつもり、教えたつもりに陥りやすい教師には、この質問は欠かせないものでしょう。

一方、発問は授業の中核をなします。

よい発問は、子どもの頭を緊張させ、脳みそに汗をかかせます。具体的には子どもの思考と行動を変えるのです。

では、「よい発問」とは、どんな条件を備えているのでしょうか。

一つは、選択肢のある発問です。

選択肢のない発問は、「あなたはこれについてどう思いますか」のように漠然と尋ねる形式です。

選択肢のある発問とは、「解釈ではAの読みとBの読みがあります。あなたはどちらを選択しますか」といった形式のことです。子どもたちに意図的に選択を迫る問いです。

選択した案についてなぜそう思ったのかと尋ねた時、次のような答えが出るクラスは鍛え方が足りません。

「なんとなく」

「たぶん」

「おそらく」

今、教室ではこの三語が多く出ています。思いつきの答えや出まかせの答えが増えています。根拠に基づいて、自分の意見を述べることのできる子どもを育てたいものです。

二つ目は、指示に「知覚語」を使っている発問です。

子どもたちの五感（視覚、聴覚、触覚、嗅覚など）に訴えた指示語を「知覚語」といいます。

父の日、母の日に似顔絵を描かせます。なぜか子どもたちは目と口は描きます。ところが、鼻や耳は忘れます。

そこで、「手で顔を触ってみましょう。何に触りましたか」と尋ねると、多くの子どもは、鼻に触りました、と答えます。「そう、鼻がありましたね」と確認をします。すると、次から鼻をきちんと描きます。

特に子どもにとって、動くものは黙っていても記憶に残ります。目と口は動きがあります。鼻や耳は動きがないので、動きを知らせるか、感じさせる発問をすることで、子どもの記憶に残るようになります。

授業場面では、①教師の質問は極力少なくし、②選択肢がある発問を出し、③知覚語を多用するのがよいのです。

三つ目は、発問がオープン・エンドで終わっているか、それともクローズド・エンドで終わっているかです。

クローズド・エンドの発問は、限られた時間内で教え込もうとするときのものです。単元内で習得させたい内容をわかりやすく提示します。

板書がキチンとしているので、子どもはそれをノートに写し覚えます。

教科でいえば、系統的な算数と言語力の基礎である国語の授業は、クローズド・エンドになりがちです。

一方、教科の領域が広い社会科や理科では、オープン・エンドの発問が多くなります。習得する内容が多岐にわたるので、一時間の授業枠内に収まらないのです。ここでは教科の内容よりものの見方、捉え方、考え方を大切にし、結論よりプロセスを大切にします。次につなげる終わり方をします。授業を「締める」という感覚が薄いのです。

テレビで放映された「キャプテン翼」というアニメを覚えていますか。ドラマの終わりのほうで、主人公の翼がシュートを打ちます。そしてボールがネット近くまで届きそうなところで、ドラマは「続く」となります。ボールが入ったか、外れたかわからない状態でその回が終わるのです。

そのため、子どもたちは次の週に期待をします。これが、授業でのオープン・エンドの終わり方なのです。

クローズド・エンドでは、ボールがネットを揺らしたか、クロスバーを越えたかで終わります。結論が出ているのです。これでは子どもたちは、次の週をあまり期待しません。

授業場面では、次を期待させるオープン・エンドで終わるのが望ましいのです。

授業中の子どもからの質問は大切です。しかし、なかなか質問が出ません。手を挙げないのです。アメリカの学校で授業を見たことがありますが、一斉に質問の手が挙がっていました。

それが日本では、講演などで客席までマイクを持っていっても、避けるか、「パス」と言われてしまいます。

日本人はきわめて質問をしない民族といわれます。「上意下達」「沈黙は金」という風潮が強かったため、質問はしばしば批判であるととられがちでした。

欧米は、質問を促す気風が強いです。大統領などの記者会見でも、必ず「エニー・クエッション（Any questions?）」と促します。すると記者たちが一斉に手を挙げます。

発問は基準がハッキリしていますので、教えることはできます。しかし、質問はそれぞれの受け止め方によって生まれる疑問ですから、教えることはできません。

質問の力を育てるのが、これからの教育の大きな課題です。

3「研修」と「研究」

研修は法律で権利として認められています。教育公務員特例法第二十二条には、次のように定められています。

「教育公務員には、研修を受ける機会が与えられなければならない。」

「教員は、授業に支障のない限り、本属長の承認を受けて、勤務場所を離れて研修を行うことができる。」

研修は、教育界でこれまでに積み重ねてこられた知見や経験知、それから技術を公的、私的な場で身につけることです。

例えば、「跳び箱を誰でも跳ばせられる」方法と技術があります。それを研修会などに出かけて手に入れるのです。これまで自分のやり方ではうまくできなかった（跳び箱を跳ぶための）技術をいかに伝えるか、という方法を研修によって身につけるのです。

研修は、教育委員会が行う新卒対象の初任者研修、大学などで行われる教員免許更新講習、中堅管理職を対象にした研修といったものから、自主的な研修会まで多種多様にあります。

一方、研究は真実の探究です。新しい知見をつくりだすことです。

研究には、次の三つが求められます。

一つには、新しさです。これまでのものとどこが違うのか、はっきりさせなければなりません。

二つ目は、再現性があるかです。

研究では思いつきや偶然による成果は評価されません。手続きが明確で、誰が行っても同じ結果が生じる、という再現性が求められます。

三つ目として、事実を大切にしているかが求められます。

「うまくいった」

「感動的場面が多かった」
「子どもの目が生き生きしていた」

これらの記述は研究ではありません。そこには事実（ファクト）が抜けています。子どもの事実に基づいた研究成果でなければなりません。

研修はこれまで先人によって蓄えられてきた知見や方法・技術を身につけるので、教えることができるものです。どちらかといえば、受け身的な性格のものです。研究は新しさ、独自性が重視され、自主的に取り組むものです。本人のやる気が中核となりますから、教えることは難しくなります。

教師修業では、研修と研究が車の両輪になります。

4「文書」と「口伝」

あなたは、自分の気持ちを相手に伝えるとき、どんな方法を取りますか。面と向かって口頭で伝えますか。それとも、手紙にしたためて伝えますか。

プロポーズは（それをしたことのある人は）顔を赤らめながらも、相手の目を見て直接伝えましたか。それとも深夜、一気呵成《いっきかせい》に書いたラブレターでしたか。

今、どちらも消えて、インターネットを通したメールやSNSでの告白が増えている、といわれています。ちょっと寂しい気持ちになるのは私だけでしょうか。


教えられること、教えられないことを、口伝《くでん》と文書というスタイルの違いからみてみます。

漁師はメモを嫌い、口伝を大切にするといわれます。漁師は穴場の在りかを長男だけに伝えます。それもメモではなく、口頭で「あの山と山の間に瀬があるから網を打て」といった具合に。これをメモに記すとなると、万が一メモをなくしたとき、穴場が他人に知れてしまうおそれがあるからです。

逆に農民は記録文書を大切にします。農作物をつくるときには、病気や土壌を気にしながら連作、転作を行います。「あの土地は昨年ナスを植えたから、今年はジャガイモを植えよう」と考えます。

記憶だけに頼っていると、これに失敗してしまいます。だから、農民はいつ何をしたらよいかしっかり記録し、子どもたちに伝えます。

芸事はその道の技を文書で伝えません。口頭で伝えます。技は文章化できないので、まさに口移しです。「芸風」というつかみ所のない事象は、ここから生まれてきます。こうして、それぞれの世界で独特の流派が生まれてきます。

落語の修業は、口伝により技を身につけます。師匠の家に住み込み、対面方式で師匠から稽古を付けてもらいます。歌舞伎の踊りや節回しも口伝です。三歳頃から稽古を繰り返し、立ち振る舞いを身につけます。漫才はツッコミとボケの役は決まっていますが、どのタイミングでツッコめばよいか、ボケればよいかは師匠から口伝で教わります。

これらの技は文章化できません。ライブでしか伝わらないのです。怒られ、けなされ、そして褒められて身につけるのです。

文書は文字で記されたものですから、そのまま、後々になっても教えることができます。しかし、口伝はタイミングがものをいいますから、教えることは難しく、自分から学ぼうとしなければならないのです。

5 「手抜き」と「気を抜くな」

日本人は、仕事でも勉強でもスポーツの試合でも、よく「気を抜くな」といって激励します。途中で息抜きをし、脇道にそれると「何をしているのか」「手抜きをするな」という罵声が飛んできます。

全力の姿勢が美徳なのです。確かに、高校野球に見られる全力疾走や、頭からのスライディングは見る人の感動を呼びます。マラソンの有森裕子が気を抜くことなく走りぬいて銀メダルを取った直後の、「自分で自分をほめたい」という言葉にも感激しました。

しかし、手抜きは本当にいけないのでしょうか。

読売巨人軍の投手であった江川卓は、マスコミからよく手抜きしていると批判されていました。

それに対して彼は、次のように反論をしたといいます。

「私はエースです。九回投げきる責任があります。九人のバッターすべてに全力投球をすると、七回あたりで疲れが出て打たれてしまいます。ですから、三、四、五番のクリーンナップに対しては全力投球をし、七番、八番、九番のバッターには手抜きをします。彼らに打たれても、せいぜいシングル・ヒットですが、クリーンナップに打たれると、ホームランになりかねません」。

江川の手抜きはエースの自覚から生まれています。エースは何を果たすべきかというエース論を抜きに「手抜き」批判をしても、意味がないのではないかと私などは考えます。

子育てにも、次のようなおばあちゃんの言い伝えがあります。

子育ては手抜き。でも、気は抜くな

子育てで悩む若い母親が増えています。それは、何から何まで手を抜かずに頑張ってしまうからです。そして、ちょっとうまくいかないと、自分を責めて疲れてしまうのです。

おばあちゃんの「子育ては手抜き」という言葉にはホッとします。ただし、そんなおばあちゃんも、一方では「気は抜くな」と戒めています。このバランスが大切なのです。若い母親たちに安心感を与えます。

子育てに関しては、野球と違ってどこで手を抜けばよいか、明確な基準がありません。どこでどう手抜きをすればよいかは、教えられません。実際に子育てをしながらつかんでいくしかないのです。

しかし、この「子育ては手抜き」という言葉は母親にとって、砂漠でのオアシスのようにも感じられるでしょう。

教師の働き方改革が取り上げられています。そこでの議論には、この「手抜き」と「気を抜くな」の視点が抜けています。

教師は真面目で努力家が多く、社会から注目を浴びることも多いので、常に人の目を気にしています。手抜きをしないのです。いいえ、手抜きができないのです。

でも、それでよいのでしょうか。どの仕事は手抜きをし、どの仕事には全力投球をする、というガイドラインを設ける時期にきているように思います。

教師の世界も、江川のエース論やおばあちゃんの子育て論を参考にしてもいいのではないでしょうか。

二 「教えられないこと」は何か——育てることの目標

「教えられないこと」は多くあります。それは、ある意味では「育てること」と捉えられるでしょう。では、育てるときには何を目標にすればよいのでしょうか。その問いへの答えがこの章です。

1 「認知能力」から「非認知能力」へ

学力の三要素とは何でしょうか。

一つ目は、基礎的な知識・技能です。

わかりやすくいえば、「読み、書き、計算」です。江戸時代の寺子屋で教わっていた内容です。また、教育の世界では3R's（スリーアールズ）ともいわれています。それは、「読み（reading）、書き（writing）、計算（arithmetic）」の英語表記の中にアルファベットのRがそれぞれ含まれているからです。

二つ目は、思考力・判断力・表現力などの能力です。様々な考え方を持ち、正しい判断ができ、それを相手にうまく伝える表現力を身につけるのです。

ここで力を発揮するのが言語の量と質です。豊かな言語力がないと、これらの能力は身につかないのです。

その意味では思考力・判断力・表現力の中核をなすのは、言語の力といえます。

三つ目は、主体的に学習に取り組む態度です。

自ら問題を発見し、課題解決へ向けて努力を重ねる姿勢を保つことです。平たくいえば、課題解決に向けたやる気といえるでしょう。

そして、二〇二〇年度から実施された学習指導要領では、この学力の三要素を土台にして、主体的・対話的で、深い学びというアクティブ・ラーニングが加わります。

学力の三要素の中で、知識・技能と思考力・判断力・表現力は測定可能です。学力として計測できます。

これらは認知能力といえます。ＡＩが最も得意とする能力です。

一方、学力の三要素の三番目と新しい学習指導要領が掲げるアクティブ・ラーニングは、測定するのが難しい意欲・関心・態度です。

これらは計測ができない非認知能力といえます。

非認知能力には、実行力、忍耐力、協調性、思いやりといったメンタリティに加え、見通しを持つ力などが含まれます。

認知能力は測定可能なので教えることができますが、非認知能力は測定が難しく、教えることができません。幸い学力の三要素と新学習指導要領のアクティブ・ラーニングは、認知能力と非認知能力を両輪としています。

この認知能力と非認知能力に類似したものに、ＩＱ（Intelligence Quotient：知能指数）とＥＱ（Emotional Intelligence Quotient：心の知能指数）があります。

ＩＱは知能検査の結果を数値で表したものです。知能は測定できるという前提があります。平均を一〇〇として、数値が高いほど知能が高く、低いほど知能が低いことを表す、とされています。

ＥＱは心の知能指数ともいわれ、人間の感情に重きを置いています。例えば、自分自身を規律するセルフ・コントロールや人間関係をうまく保てるソーシャル・スキル、そして、状況判断ができるモニタリング・スキルといった能力を合わせ備えた総合的な社会力です。しかしこれは、測定がしにくく、数量化が難しいのです。

これからの教育は、どこまでは測定できて教え込めるものなのか、どこからが測定できずに子どもたちが自力で学ばなければならないものなのか、をハッキリさせる必要があります。

2 「想定内」から「想定外」へ

想定外。この言葉が人口に膾炙《かいしゃ》されるようになったのは、ライブドアによるフジテレビ買収騒動からだったように記憶しています。そして、東日本大震災。これまでにない未曾有の悲惨な体験が記憶の中にあります。それから、危機管理的な場面でしばしば使われるようにもなっています。

また、スポーツの世界では、一般的にはセオリーが幅を利かせますが、しばしばどんでん返しが見られます。「一発逆転サヨナラホームラン」のようなドラマが生まれます。これも想定外です。長嶋茂雄は、「メイクドラマ」という和製英語で、意図的に想定外を演出していました。

今の時代は、次のようにいわれています。

「先が読めない」

「正解のない社会」

「混沌としている」

「常識が通用しない」

まさに「想定外」の時代。乱世とも呼べるのではないでしょうか。


一方、想定内のことは、意識しないと気づかない面があります。

「太陽は東からでて西に沈む」は想定内ですが、意識しないとスルーしてしまいます。

「出る杭《くい》は打たれる」ということわざは想定内の帰結を表しています。「出過ぎた杭は打たれない」となると、想定外になります。「蟹は甲羅に似せて穴を掘る」も想定内です。

かつて野村克也は、プロ野球の監督論において「組織はリーダーの力量以上には伸びない」と指摘していますが、これも「想定内」を言い表しています。

確かに、リーダーは自分を超える弟子を育てることはできません。自分を超える弟子がいたら嫉妬して外に出してしまいます。寝首を掻《か》かれる前に手を打つのです。

もう一つ想定外の事例を紹介しましょう。学校現場の話です。

小学校三年生担任の女性教師の事例です。男の子が三時間目の算数が始まった瞬間、「先生、トイレにいっていいですか」と言いました。その先生は「なぜさっきの業間休みの時に行かなかったの」と説教します。

女性教師は、業間休みにトイレに行けない男の子の気持ちが理解できなかったのです。女子は、大便も小便もドアつきのトイレに入ります。ところが、男子は別々です。この日、その男の子はお腹の調子が悪くて大便をしたかったのですが、休み時間はみんなに見られていますから、行くに行けなかったのです。授業中なら誰にも見られることなく、安心して大便ができます。

女性教師にとっては、男性トイレの仕様が異なること、そしてそれを使う子どもたちの心理は、想定外でした。

想定内のことは、意識すれば予想できます。したがって教えることが可能です（ただし、自覚が必要ですが）。しかし、想定外は予測ができません。確かめられる事実や科学的な根拠が手許になければ、教えることは不可能なのです。

3 「能力」から「才能」へ

子どもを育てるとき、この子には才能があるか、成功するための能力を持っているか、が気になります。そして、そのどちらも欲しい、と願う親は多いものです。

能力は「身につける」といいます。学校で身につける能力を学力といい、読み・書き・計算などに代表されるものです。これら基本的な知識・技能は身につけることができる、能力の一部です。

また、考える力の思考や、善悪や正誤を決める判断力、そして自分の考えや人の考えを伝える表現力も身につけることができます。これも能力の一部です。

能力は、できる・できないの基準がはっきりしているので、計測できます。第三者が認める客観的な指標を定めることができるのです。そこから、「能力検定試験」が生まれます。

また、基準が一定しているので、教えることができます。教師や親が手取り足取りしながら子どもに身につけさせることができるのです。

一方、才能は持って生まれた潜在的なものです。教えることができません。

才能に対して第三者ができることは、その人が持っている、または備えている力を引き出し、伸ばしてあげることです。

天才は教えることができません。できるのは、力を十分に発揮できるように環境をつくってあげるくらいのことです。ちなみに、その人が持っている才能を引き出し、天才を育てる人を伯楽といいます。

天才の名をほしいままにし、大リーグでも名を馳せたイチローは新人としてオリックス・ブルーウェーブ（当時）に入団当初、一軍監督だった土井正三と相性が合いませんでした。土井から打法を変えるように言われましたが、従わなかったので、冷遇されました。それでも彼は「振り子」打法をあきらめませんでした。

その後、出会ったのが河村健一郎コーチでした。彼はイチローの打法を認め、見守り、ついにイチローと二人三脚で振り子打法を創り上げます。そして、当時一軍の監督であった仰木彬にイチローの起用を進言します。仰木監督は辛抱強くイチローの成長を待ち続け、花を開かせます。

イチローが河村コーチと仰木監督に出会わなければ、その後の雄姿は見られなかったのです。彼らは、イチローの才能を引き出した名伯楽と呼ばれています。

4 「論理」から「感性」へ

野村克也は「論理の人」、長嶋茂雄は「感性の人」といわれます。

野村監督の作戦は、セオリーどおりであり、データに基づくＩＤ野球だったので、筋道が読めたといわれます。また、キャンプでのミーティングでの話は論理的に体系立てられた話が多く、選手はノートが取りやすかった、といいます。

一方、読売巨人軍・長嶋監督の作戦はセオリーより、その場の状況で変わることが多かったそうです。勝つためには、エースを注《つ》ぎ込むこともいといませんでした。

先の、ヤンキースの松井選手への電話越しのアドバイスでは、素振りの音で、良し悪しを判断しました。長嶋は論理よりもその場で発せられる音にこだわったのです。

論理とは、平たくいえば筋道を付けて考えたり話したりすることです。思いつきをしゃべったり、場当たり的に意見をいったり、話が急に飛躍したりする人は、しばしば論理的でないといわれます。話が伝わりにくい人でもあります。

文章を書くときには、起承転結を意識しなさい、といわれます。

「起」では、まず何を取り上げるか問題提起をします。「承」は、「起」で提起したことを受けて、具体的な事例を持って説明していきます。「転」は字のごとく、話題を転じます。別な角度から論じるのです。そして、「結」では、結論を出します。落語でいえば、「落ち」になります。

マンガの四コマ漫画はまさにこの起承転結で成立しています。

わかりやすい文章や面白い四コマ漫画は、極めて筋が通っています。子どもの文章力を鍛える教材として、そのような四コマ漫画は有効です。

論理とは筋が通っており、わかりやすいものです。

論理に秀でた人は、哲学者であり、作家であり、ITのプログラマーたちです。


一方、感性は思いつきであり、ひらめきです。奇想天外な思いつきもあれば、天の啓示を受けたひらめきもあったりします。そこにはセオリーや筋道が入る余地はありません。

音楽や美術の芸術家や発明家などの天才は感性の人といわれます。鋭い感受性の持ち主でもあるのです。

論理は筋道があるので教えられます。しかし、感性は感覚であり、それが出現するに至る環境や過程等々を含めたトータルなものなので、分解できません。だから、教えることは不可能なのです。

また、論理は筋道がはっきりしているので、それをたどれば正解に行き着きます。ところが、感性は筋道が錯綜しています。どの道を行けば正解にたどり着けるか見えてきません。感性は正解がないのです。

勝負の世界では「勝ち負け」がはっきりしています。昔の剣豪が、次の言葉を残しています。

勝ちに不思議の勝ちあり、負けに不思議の負けなし*

この言葉は、野村克也が好きで試合後のコメントでよく使っていました。おかげで人口によく膾炙されています。

確かに、負ける時は負けるべくして負けます。練習不足、選手起用の迷い、エラーの続出……というように、一つひとつたどっていけます。

しかし、勝つ時にはなぜかラッキーなチャンスが訪れるのです。想定外の出来事が起こります。イレギュラーで相手がミスをする。例えばフライ球を打ち上げたかと思ったら突然強風が吹いて捕球を免れることもあれば、名手が何でもないゴロをトンネルしてくれて、サヨナラ勝ちすることもあります。論理的に説明できないのです。

5 「知識」から「知恵」へ

知識は必要といわれながら、いわゆる「頭でっかちの人」は否定的にとらえられています。しかし、頭でっかちは本当にいけないのでしょうか。

今の時代は、知識（情報）がなければ生きていけません。豊富な情報を持っている人ほど快適な生活を送ることができます。ロビンソン・クルーソー**の時代ではないのです。

スマートフォンを使えないと困ることが生じます。欲しいチケットの予約が瞬時にできません。おいしいレストランの優先的な予約もできません。時代から取り残されていきます。それほど知識（情報）は欠かせません。

しかし、知識は万能ではありません。知識だけでは解決できないことがあります。知恵が必要になってくる場面があるのです。

中学校一年生の技術科の授業で、はんだごての使い方を学びます。授業の終わりに、コンセントから抜いたはんだごてを触り、火傷した生徒がいるそうです。その生徒にしてみれば、コンセントから外れればもう安全だという認識があったのでしょう。余熱が残るという体験をし

＊心形刀流　松浦静山『常静子剣談』に「勝に不思議の勝あり、負に不思議の負なし」とあり（『武道秘伝書』吉田豊編、徳間書店）

＊＊一七一九年刊行、ダニエル・デフォーの小説『ロビンソン・クルーソー』（『ロビンソン漂流記』）

ていなかったのでしょう。きっと、机上の学びだけだったのです。

様々な知識を駆使しながら体験を積み重ね、一定の経験則をもってつくられるのが知恵、経験知です。

「現場一〇〇回」や「初動捜査が大切」「クツ底を減らせ」というのが警察の経験知です。

教育の世界でも経験則は多くあり、ちょっとした教育技術となっています。

あなたは、「子どもを静かにさせる方法」をいくつ知っていますか。

「こっちを向きなさい」では子どもは指示通りに動きません。それを、「おへそを先生に向けなさい」「鼻のてっぺんをこちらに向けなさい」「つま先を先生の方に向けなさい」といった指示をすることで、きちんとこちらを向くようになります。これらはいずれも、こちらを向いた時の身体の状態を知っているからこそできる、具体的な指示です。

漢字の書き順の指導では、空書き（そらがき、からがきともいう）があります。一年生に「川」という漢字を空書きで教える場合、教師が自分から見て正しく書き始めると、子どもは鏡文字で覚えてしまいます。指導者は、「子どもと対面したときは鏡文字を書く」という経験知があるのです。

生活の場面での言い伝えは経験知であり、知恵となっています。経験知を多く持っている人は、知恵者としてリスペクトされます。

知識は人から教えられ、与えられます。知恵は自ら経験しながら学びとり、身につけていきます。

6 「記録」から「記憶」へ

学校は記録にこだわります。学業成績は記録を重視します。その典型が入学試験です。確かに、最近では面接も取り入れられていますが、合否はその面接も含め数量化された記録で判定されます。

教師はこの記録を大切にします。学年の最後には学習指導要録を残します。これは法的に規定され、保存が義務づけられたものです。

ところが、子どもたちは記憶を大切にします。確かに学校生活を振り返ってみると、運動会や修学旅行、それから臨海、林間実習などの自然体験教室での思い出は記憶に残っています。しかし、算数での割り算やかけ算の筆算の仕方や国語の漢字の書き順をどう教わったかなどは、なかなか思い出せません。教科学習は記憶に残りにくいのです。

心理学には、「前意識」という概念があります。これは以前には確かに知っていたが、今は忘れ去ってしまっていることです。のちに指摘されて、「そうだった」と思い出すことです。教科の学習は、この前意識に似かよっています。

野村克也は、「記録の人」といわれるだけあって、選手時代に三冠王を取っています。ホームラン数では六五七本と捕手では一位です。けれどもファンの中には野村の選手時代の記録より、監督になってからの「ぼやき」の方が記憶に残っています。記録は印象に残りにくいのです。

「記憶の人」長嶋茂雄は、天覧試合で逆転ホームランを打ったり、ホームランを打ったのに一塁ベースを踏まないことがあったり、新人の時、すでに大投手だった金田正一投手に連続四つの三振を取られたことも話題になったりと、ファンの心の中にその印象が深く刻まれています。

記録は数量化され、見える化ができます。しかし、それだけを見ても、本人はその手続きを覚えていません。自身の中に残存されていないのです。また、記録は系統的です。教科学習は系統的な積み重ねで進みます。その道筋が決められているので、教わった人には、内容があまり意識されていません。

一方、記憶は数量化できませんが、体験が共有化できています。ですから、印象が残存できているのです。卒業旅行の写真や体育祭の写真は、後から見るほど懐かしいのです。

記録は教えることができますが、記憶は本人の受け止め方次第。教えることは難しいものです。だからこそ、記憶に残る教育活動が求められます。

三　学び方の転換――自学・自習を身につけよう

これまでの学び方に固執していては、取り残されます。学び方の大きな転換が求められています。どんな学びをすればよいのでしょうか。その問いへの答えが「自学・自習」です。自学・自習へのプロセスを紹介します。

1　「習う」から「慣れる」、そして「使いこなす」へ

技術を習得するとき、どんなステップを経るでしょうか。教わる立場から考えてみます。

パソコンの使い方を考えるとわかりやすいでしょう。まず、電源の入れ方、画面の開き方、マウスの使い方、入力の仕方などの機器の操作を教わります。

そして、ワープロソフトや表計算などのソフトウェアの使い方を教わり、マスターしていきます。

技術の習得には、このような「習う」段階があります。講師は教え方のマニュアルに従い、丁寧にわかりやすく、手取り足取り教えてくれます。これが基礎講座です。習う時間数も決められています。

次に、教わった方法を一人で覚えるまで繰り返し練習します。例えば、キーボードをブラインドタッチできるまで練習するのが、「慣れる」段階です。孤独でつらい一人学習です。しかし、習得には回数を重ねるしかありません。根気と努力が要ります。

ここから、技術を身につける時のキーワードである「習うより慣れろ」という言葉が生まれてくるのです。

同じことが昔からの言い伝えに残っています。「門前の小僧、習わぬ経を読む」という故事。寺の門前で遊んでいる小僧は、いつもお経を耳にしているので、習わないのにお経を真似して唱えることができるようになることを、表したものです。真似ができる環境にいると、自然とその知識が身につくようになるのです。いつの間にか覚えてしまうのです。

慣れることとは修業の一端です。技術の習得には欠かせないプロセスです。これをおろそかにすると、次のステップに進めません。慣れるのにかかる時間には、習うときと違って個人差が出ます。教える立場の人は、この点をよく踏まえておくことが大切です。

そして、「習う」「慣れる」の最後にくるステップが、「使いこなす」です。

慣れるレベルでも技術は一通り使えています。しかし、それだけではまだ一人前ではありません。技術を様々な場面でも使えるようになり、応用が利くレベルにまで達すると、「使いこなす」といえるでしょう。「使いこなす」レベルに達してはじめて、人前に出せる成果物になるのです。

そうして初めて、プロとして認められ、それぞれの世界の公的な認証を受けることができるのです。スポーツや芸事の世界では、「円熟の域に達した」といわれます。

2「守」から「破」そして「離」へ

芸事や武道、それから教職においても、修業の世界には、技の上達論があります。それは、「守・破・離」といわれています。

「守」の段階ではとにもかくにも流派や師匠の教えを忠実に守り、身につけていきます。この段階であれこれ口答えすることは許されません。

師匠が黒といえば白でも黒といわざるを得ない時期なのです。それが行き過ぎて、昔の相撲界ではありませんが、「無理偏に拳骨と書いて兄弟子と読む」といったことがまかり通っていた時代もありました。これでは、理不尽きわまりないのですが、師匠の示す教えに従って進むのが守の段階です。丁稚奉公の時期です。「辛抱」「忍」の字を胸に秘める時期でもあります。

この段階を抜けるには、少なくとも三年から五年はかかるでしょう。

その後に来るのが、「破」です。

流派や師匠の教えに疑問を抱く時期です。このままの修業で上達するのだろうか、この教えは自分には合っているのか、といった疑いが芽生えてきます。

また、教えの枠や殻を何とか打ち破ろうとするようになります。人間の成長でいえば、親や教師に刃向かう第二反抗期ともいえそうです。

やがて、独自のスタイルを創りだす段階がやってきます。

枠や殻を破るだけでは、さらなる上達は望めません。否定するだけでなく、新しいスタイルを確立しなければなりません。これまでに身につけたものの上に、独自の技術と方法を持った理論を持たなければなりません。

この独自の理論ができた段階が「離」です。師匠や流派の枠から離れ、固有の芸を創り上げるのです。

教育技術では、「守」のレベルを追試といいます。科学の世界では常識である技術や方法をそのまま行うことです。まさに猿まねです。猿まねを否定する人もいますが、猿まねなしの上達はあり得ません。

まずは、これまで先人が築きあげてきた教え方をそのまま使ってみるのです。不思議と大抵がうまくいきます。

しかし、ときにはどうもうまくいかないケースが生まれます。この学級で通用しないのはどうしてなのか、と悩むことがあるでしょう。そんなときは、基本通りを少し変えてみる、などの工夫をしながらクリアしていきます。

例えば授業なら、主発問を少し変えてみるのです。

これは修正追試と呼ばれます。原実践に新たな発問を付け加え、授業を展開させるものです。

このレベルは「破」に相応します。

そして最後に、先達の実践を離れ自分なりの構想で指示・発問を作り出します。これは構想追試と呼ばれています。「追試」という言葉が使われていますが、新たな指示・発問を揃えた授業の展開です。独自の授業実践です。

こうしてプロ教師が誕生します。

「守」のレベルは、教わり習うことができます。「破」「離」のレベルになると、自我が芽生えて新たな発想が出てきて、独自の路線を歩み始めます。この段階になると、教えることは難しくなります。才能を認めてくれる仲間と研鑽を積むなど、自分を育てることへの意識が必要です。

もう一つ、研究や芸術の世界で似かよった事例があります。

それは、「習作」と「力作」「労作」です。

「習作」はいうまでもなく、手本を見習って創り上げたものです。大学の卒業論文は、研究レベルでいえば習作になります。絵画や彫刻の卒業制作も習作です。これは教わって完成されます。先生のお手本を真似て作品を作り上げます。

次に「力作」「労作」がきますが、それぞれ独自性を持つ真似のできない論文であり、作品です。その人の持ち味が十分に発揮されています。

「力作」にはキラリと光るものがうかがえます。その論文や作品によって新境地が開かれます。賞が与えられるのは、大抵が力作といわれるものです。

「労作」は苦節何十年もかけて作製したものなど、誰もなしえない偉業に対して使われます。その人の集大成になる場合が多いです。研究者、作家、そして芸術家たちは、日々この力作や労作を目指して勤しんでいるのです。

3 「状況学習」から「試行錯誤」へ

学習には、学び方が二つあります。

一つは、トライ・アンド・エラーといわれるもので、試行錯誤しながら身につける学びです。

宮崎県に幸島という野生サルの島があります。ここのサルは、砂浜にまかれたサツマイモを海水で洗って食べています。昔は洗うことがなかったのですが、あるときメスの子猿が海水でイモを洗う行動をとり、やがてそれが群れに伝わりました。今では幸島のサルはみんなイモを洗って食べることが知られています。

人間ではフグの食べ方が試行錯誤に当てはまります。これまでに美味しい、しかし毒のある肝を食べて亡くなった人は数多くいます。そこであれこれと調理方法を工夫し、亡くなる人は少なくなっていますが、それでもまだ皆無でありません。今は免許を持ったプロしかお店を出せなくなっています。

このように何回も繰り返し試みながら、ある手法を見つけ出すのが、トライ・アンド・エラー（試行錯誤）です。

二つ目は状況学習です。「ある場面ではこうした振る舞いをしなさい」という作法を身につける学習です。

卒業式や葬式といった儀式の席では決められた作法があります。それを守らないと周りから白い目で見られます。参列者はその目を向けられないように、その場における作法を守るようになります。

また、サルの群れには、ボスザルの前にあるえさを勝手に取って食べてはいけない、という掟があります。それを知らない子ザルがえさを取ると、ボスザルは本気で小ザルに襲いかかります。

また、サルの群れは移動するとき、一番高い木をボスザルが揺らします。それが群れの移動の合図です。移動時は野犬やイノシシなどに襲われることがあり、大きな危険を伴うので、群れを守り統率するための行動として、ボスザルはこれを行います。遊びで子ザルが一番高い木を揺らすと、ボスザルは駆け上り子ザルを引きずり降ろします。ボスにとって、掟を無視する行動は放っておけないので、このように力づくで教え込むのです。

このように、集団や群れで決められた作法や掟を忠実に守るようにすることが、状況学習です。

状況学習は、教えることができます。作法や掟といったかたちづくられたコンテンツ、すなわち基準があるからです。

一方、トライ・アンド・エラーには、こうすればよいという決まった基準がありません。それこそ様々な行動を繰り返しながら一定の行動を身につけていくものなので、教えることができないのです。

この学び方をうまく活用したのが、兵庫県から始まった職場体験の「トライ・やる・ウィーク」です。

この「トライ」には二つの意味が込められています。一つは、挑戦するのＴＲＹです。もう一つは、学校と家庭と地域の三つで協力するトライアングルのトライです。これらが三位一体となって中学生の職場体験を支援しよう、としました。

ちなみに、「やる」はがんばりましょうという意味で、「ウィーク」は一週間。体験活動は中途半端に実施してもものたりなく、効果も低い。一週間というまとまった日数が必要だという考えが、ここにあります。

実際、兵庫県では職場体験の前に、小学校五年生に五日間の自然体験を実施したことで効果があった、というエビデンスを得ています。

変化があまりない平時に有効な学びが状況学習、先が読めない激動の乱世に有効な学びが試行錯誤とは、よくいわれることです。

これからはまさに乱世の時代に突入します。試行錯誤（トライ・アンド・エラー）の学びが求められます。

4 「コツコツ型」から「山張り型」へ

高校時代を思い出してください。中間考査、期末考査などの定期試験があったと思います。この時、あなたはどんな勉強法を取っていましたか。

勉強法には次の四通りがあります。

一つ目はコツコツ型です。

平素からノートをきちんと写し、単語帳を作り、大事なところにはマーカーを引き、テスト前は規則正しい生活を送ります。提出物をきれいにまとめ、期日もきちんと守り、平常点に注意を払います。

二つ目は一夜漬け型です。

普段は部活動や遊びにエネルギーを注ぎ、授業中も興味のない授業では内職や居眠りをしています。テスト前一週間もあまり身が入らず、前日になってようやく教科書と友だちのノートを写したものをパラパラめくって、半分徹夜で覚える。「火事場のバカ力」を期待しています。

三つ目は、山を張るタイプ（山張り型）です。これはポイント学習でもあります。

ノートは写さずに、メモを取るだけです。興味のない授業は聞き流す程度で、試験一週間前は過去の問題集を見たり、先輩に尋ねたりして出題の予想を立てます。出題されそうな問題をシュミレーションして、集中的に勉強するのです。

四つ目は、勉強しない型です。

テストだけが人生でないとうそぶいて、ほとんど勉強しません。やりたいことが他にあり、高校はあくまで通過機関として考えています。ナンバーワンよりオンリーワンを目指すタイプです。テストで赤点をとっても、落第しないように追試テストで逃げ切り、わが道（マイ・ウエイ）を行く一人旅にあこがれを持っています。


今、増えているのは勉強しない型で、減っているのがコツコツ型といわれます。努力すれば何とかなる「継続は力」「石の上にも三年」といった努力信仰が薄れてきています。

変わらないのが、一夜漬け型と山張り型といわれます。

ここで注目したいのは、コツコツ型と山張り型です。

コツコツ型はこれまでの日本人の典型的な学びの型といわれてきました。農耕民族のようにこまめに雑草を取り除き、秋のみのりを期待するのです。日常の努力を尊び、平常点というプロセスを大切にします。

この学びの姿勢は貴重です。しかし、あまりにも周りの目を気にします。それ以上に心配なのは、ノートや本の大切な箇所にマーカーを引くことで、「わかったつもり」になりがちなことです。勉強の結果より、プロセスを大切にしがちです。

一方、山張り型は勘所を大切にし、試験に出そうな所を見つけ出し、山を張ります。これは鉛筆を転がす当てずっぽうとは違います。自分なりの情報に基づいたハイリスク・ハイリターンです。外れれば赤点が確実です。

ですから、念を入れてポイントを絞ります。なぜ教師はあのフレーズを何回も発したのか、赤いチョークで書いた箇所はどこだったか、どんな法則があったか、一学期に何を勉強したかに神経を集中して考えます。

得意な教科を思い出してください。テストの山が張れたはずです。何が大切で何は捨ててもよい、という判断ができたのです。逆に苦手な教科は、何が大切か皆目わからないので、辺り構わずマーカーを引くことになるのです。

さらに、テスト後、山張り型は職員室に通い、できなかった所を質問します。疑問を持ち質問する力も身についています。

コツコツ型は学び方ですので、教えることができます。山張り型は自分で事の軽重を見出す学びですので、教えることはできません。

これからの時代、この山張り型の人間をいかに育てるか、が大事なのです。

5「ノートを写す」から「ノートを取る」へ

最近、大学生の受講態度が変わってきています。

授業中は腕を組んで聞いています。教師が板書した文字を消そうとすると、「待ってください」といって前に出てきて、スマホでパチリと写すのです。

パワーポイントを使った授業は熱心に聞いていますが、これも授業が終わると教壇の前に来て、「先生、パワーポイントのコピーをいただけますか」という学生が増えています。

今の学生はノートを取りません。写しもしません。大学生の受講態度が大きく変わってきています。

高校までのノートは、先生が黒板に書いたものをきれいに写す作業が中心でした。それが、大学に入学した途端、講義（教師の話が中心）が始まり、そこにはノートを写す時間はありません。どうすればよいのか、戸惑った記憶が私にもあります。

大学では、「ノートを写す」のではなく、「ノートを取る」のだといわれました。

しかしながら、ノートを取るのは難しいです。何をメモすればよいか、判断に迷います。何が大切で何が不必要か、という取捨選択を迫られます。自分で考えなければなりません。

同じことが、「ぶら下がり」の記者会見でも見られます。以前のベテラン記者は聞きながら手に持ったメモ用紙に勘所を書いていました。肝腎なところだけをメモしていました。帰社してから、それを元に原稿をまとめたものです。

それが、今の若い記者たちはメモを取りません。政治家の前にマイクを差出し、録音しています。メモを取らないのではなく、メモが取れないのです。聞き逃す心配ばかりしているのです。帰社してから、記事にまとめるのに苦労しているそうです。苦労しているのは若い記者ばかりではありません。最終的な原稿チェックをするデスクと呼ばれるベテラン記者もつたない記事のリライトに苦労するそうです。

ノートを写すのは簡単です。スマホで撮ることができます。ノートを取ることは、ＡＩ（人工知能）にはできません。ＡＩは、何が大切かの状況判断が苦手なのです。

子どものノートは教師の指導を反映しています。写す箇所と子どもが取捨選択した箇所がわかるノート指導が求められます。

同じことが、教科書を使った学習でもいえます。教師の世界では、「教科書を教える」と「教科書で教える」はどう違うか、論じられてきました。若い教師に対して、「教科書を教える」教師から、「教科書で教える」教師になろう、というメッセージが送られてきました。

若くて未熟なときは、教科書どおりに丁寧に教えるよう指導されます。我流で教えることは禁じられていました。まずは教科書を教えられて一人前となるからです。

さらに、そこからの脱皮も求められました。小学校の教師は全科を教えますが、年数を重ねるうちに得意な教科が生まれてきます。その得意な教科では、教科書は基礎基本として扱い、そこに独自の教材を追加して、子どもたちの興味関心を引き出そうと創意工夫したものです。

それが、やがて教科書で教えることにつながり、教師としての成長の証の一つになったのです。

6「卒業」から「修了」へ

序章の学校と公民館の違いのところで少し指摘しましたが、卒業と修了の学習観は、大きく異なります。

卒業はあくまで「一丁上がり」なのです。これで完成、これで終了という意味です。次がないのです。一〇〇点で「終了」し、次の世界への希望はあっても、新しい課題が浮かばないのです。

防衛大学の卒業式では学生たちが学帽を天井に向けて投げ上げます。また卒業式のあと、男子が女子に制服の第二ボタンを贈る慣わしが中学校、高校で見られます。帽子や学生服は生徒・学生のシンボルの一つです。それを捨てたり、贈ったりするのは、教わることからの脱皮を意味します。

「終了」と「修了」の意味は違うのです。学校の卒業は、「終了」を意味します。これからはもう、教わることはないという宣言にもなっています。そこから、「卒業後は社会勉強が始まる」という言説が生まれてくるのです。

しかし、社会勉強には教育課程(カリキュラム)がありません。何を、いつ、どのように教えられ、どう学ぶか、が定まっていません。

これからは、何を学べばよいのかはっきりしない時代に突入します。「終了」でなく、終わりなき学びの「修了」という発想が大切になるのです。

学んだあとに次の課題が浮かぶのが修了です。当然、学習スタイルは自学・自習です。これは誰も教えられないのです。自分で身につけなければなりません。

四 「決断」する子ども――ボタンを押させよう

学び方を変えた後はどう行動するか、です。

子どもたちは自己決定するチャンスを持てなくなっています。なかなか自分でボタンを押せないのです。決断力が身についていないのです。今、自己責任が伴う決断力の育成が求められています。

1 「判断力」から「決断力」へ

判断力と決断力の違いを意識している人は少ないようです。どちらも、選択することでは違いがありません。

しかし、判断力と決断力には、決定的な違いがあります。そこに責任が無いのが判断力で、責任が伴うのが決断力なのです。

判断力は学校で教えることができます。子どもは、自分がとった行動がよかったか悪かったか、選択が正しかったか間違っていたか、自分ではわかりません。

価値判断は教師が決めてくれます。子どもは自分で評価しなくてよいのです。責任を自分でとることはないのです。自分の持っている知識と情報を駆使して予測し、ある選択をすればよいのです。


体育祭を例にとりましょう。面白い体育祭をしようと、時間と経費と人とモノを視野に入れた企画書を立てるまでが、「判断」です。

企画書どおりに実施するか、それとも修正を加えて実行するか、を決めるのが「決断」です。決断は結果責任です。言い訳は許されません。体育祭の時の決断は、最後は担当の先生か校長が下します。

官僚は判断力に優れています。何が問題かという問いに対して、知識と情報を集め解決のためのシミュレーションを瞬時に行います。A案、B案、C案を考えて法案づくりをします。その際、当然ながら各案の強さと弱さも考えています。

政治家は決断力に優れています。官僚が考えた案の中から解決に適した一つの案を選択し、成案とします。自分が選択した案が一番よいと思っての判断ですが、結果がまずければ責任をとります。

もう一つ、校長と教頭の違いからも説明しておきます。

教頭は学内、学校外の情報に精通しています。自分の勤務する学校で問題が生じたとき、教頭は、どんな問題か、なぜその問題が生まれたかを考え、それに対する解決策の手立てを手持ちの情報を駆使して予測します。そこで、解決策としてA案、B案を作成し、校長の所に持っていって説明します。

ここまでのプロセスは判断力です。責任は求められていません。

校長は教頭から示された解決案の説明を受け、複数案の中から最終的に一つの案を選択します。これは誰にも相談ができません。自分一人、校長自身が決めるのです。承認の印を押すとき手が震えることがあります。責任が生じているからです。

この決裁が決断です。

これだけの説明では、まだ理解が難しいようでしたら、もう一つ。

結婚と恋愛の違いからも、判断力と決断力の違いは説明できるでしょう。

恋愛の時は二人とも、それぞれについての情報を密かに集めます。例えば、どんな趣味を持っているか、食べ物は何が好みか、家族構成はどうなっているか、将来どんな家庭を築きたいかなどです。

経験した方はわかると思いますが、恋愛は情報合戦です。情報を媒介にして、お互いのフィーリングや相性を確かめます。

こうしたプロセスを経て、交際するか断念するかを選択します。これが判断なのです。傍から見ると、恋愛ごっこに見えるかもしれません。この判断は責任を伴いません。別れるときは、「ごめんなさい」ですみます。

結婚は違います。責任が伴います。婚姻届を出します。披露宴や新婚旅行をするか、住まいはどうするか、といったたくさんのことを決めます。経済的、法的な責任を背負っています。

結婚は「清水の舞台から、片眼を閉じ気合いを入れて飛び降りる」ことです。決して両眼を閉じてはいけません。それは山勘になります。決断には、半分の冷静さが大切です。

これで、両者の違いはだいぶん理解できたのではないでしょうか。

決断には結果責任が伴います。トップリーダーは、この決断力を身につけています。

学校ではすばらしいプランをつくる力を身につけることはできますが、決断力は教えることができません。

決断力は、実際の社会の荒波の中で育てられるか、子どもの頃の友だちとの遊びの中で身につけるしか、方法がありません。学校でも、遊びや新しい学びであるアクティブ・ラーニングを通して、決断力を育てる体験の試行錯誤が大切となってきます。

2 「討議」から「討論」へ

「朝まで生テレビ！」（テレビ朝日）という討論番組があります。これはそれぞれの分野の専門家が集まり、ホットな話題について深夜から朝方まで議論を重ねるものです。議論はしますが、結論を求めません。制約のない立場で自由に発言ができます。結論が出れば幸いというものです。討論は基本的には研究の場面で行われます。研究は真理の探究ですから、エンドレスなのです。真理の判定は多数決では行われません。「事実」（ファクト）で判定されます。

討議は結論を求めます。会議は基本的に討論をして、最後は結論を出します。児童会、生徒会などの委員会では、提出された議題について、討論を重ねた後、賛否を問います。賛否を決する方法は民主社会では多数決となっています。これが討議です。

討議を行わなければならないのに、討議を避け、議論を重ねたのが、ナポレオン失脚後の一八一四年ウイーン会議です。当時、舞台裏で参加国の元首や大使らが駆け引きに終始していたのです。「会議は踊る、されど進まず」といわれました。そこから、決めきれないことのたとえとして、「会議は踊る」の言葉が生まれました。

同様なことは、日本の歴史の中にもありました。豊臣秀吉の小田原攻めに対して、北条氏の重臣たちが開城か籠城かで延々と議論を重ねたのですが、埒があきませんでした。これを「小田原評定」といっています。「結論」を出せずに、最後は秀吉によって攻め込まれるのです。

職員会議は時間が限られている「討議」の場です。重要な議題の時には、意見が百家争鳴で結論が出ない場合があります。討論と討議の違いを知らない人が議事を進めると、会議が長引くことがあります。

これでは困るのです。次の仕事を抱えた人が多いのです。そこで、賢い議事運営者は、継続審議という提案をし、議事を一端打ち切り次回に回します。

同じことが、審議会と委員会でもいえます。

審議会は中央教育審議会のように文部科学大臣から諮問を受けた案件を専門家たちが集まり、二年間ほどかけて討論を重ねます。意見がまとまらなければ、両論併記という形でまとめます。一つにまとまればよいのですが、まとまらない場合はそれぞれの立場を尊重します。これは、審議会方式と呼ばれます。

一方、討議は委員会で見られます。国会の予算委員会は与野党が必死で質疑応答を繰り返します。一定の方向が出ると、討論を打ち切り採決に移ります。そして最後は、多数決で決着をつけます。これは、委員会方式と呼ばれます。

討論はあくまで議論を積み重ねます。意見はそれぞれの人の頭の中にあります。第三者から見ればブラックボックスです。教えることができないのです。

討議は決めることです。決め方は手続きがハッキリしています。議題を提出し、意見を闘わせて、最後は賛否を求め、多数決で決定します。討議は手続きですので教えることが可能です。

教えることのできない討論の力を育てる学習が学校で行われています。例えば、指名なし討論と呼ばれる授業です。教師が用意した発問をきっかけに、子どもたちが自由に意見を述べ合うのです。意見を交換することで「読み」や「解釈」を深めていきます。「事実」（ファクト）を大切にする価値観を育てるところからスタートしています。

3 「頭を使う」から「足を使う」へ

目標を達成するにはプランを立てなければなりません。プランは企画とも戦略ともいわれます。企画や戦略を立てるとき、情報は欠かせません。

情報収集には、足で稼ぐやり方と、頭を使って手に入れるやり方があります。

若い人は外に出て人と接するのが苦手です。人と話すのを避けます。机のパソコンに向かい手早くネットを使いこなし、瞬時に必要なネタを集めます。頭と手を使い、情報機器を駆使します。

かつての社会部の新聞記者や刑事は、頭より足を使ったそうです。クツ底をすり減らして「現場一〇〇回」を実践しました。嗅覚を頼りに当りをつけ、現場での生のつぶやきを聞いたり、雰囲気から察したりしたのです。

それが今では、新聞記者はネットで当たりをつけ、電話取材ですませてしまうようになりました。これではリアリティのある記事は書けません。

あなたは、一年間に何足の上履きグツを履きますか。

クツには上履きと外履きがあります。上履きの底が一番減る仕事は、教師と看護師といわれます。一年間で二、三足は履きつぶすといわれます。狭い空間を足繁く歩き回るからです。逆に、外履きは減りません。仕事はもっぱら学校や病院の中です。通勤は電車や車が多いので、外履きは一足あれば足りるのです。

外履きの底が減るのは先に述べた新聞記者と刑事、それからサラリーマンで営業を担当している人たちです。営業はクライアントの所を何回訪問したかで、成績が決まるそうです。暑い中、寒い中、雨の日にも足を棒にして得意先を回ります。

教師は名刺を持たないといわれます。仕事で外に出る機会が少ないからです。外に出かけるのは、校外行事か、家庭訪問、公開研究会の出張ぐらいです。これではますます、世間に疎くなります。

そんな教師も遠足や社会見学の計画を立てるときは、必ず現場を見に行きます。昼食はどこで取ればいいか、トイレタイムはどこのサービス・ステーションがよいか、と調べます。その結果、充実した校外学習が行われています。

これからの教師は、頭を使うのは当然ですが、足を使いフットワークを強くすることも大切になるでしょう。

「教師の常識は社会の非常識」という言説を早くなくしたいものです。

4 「勉強」から「遊び」へ

子どもは遊びと勉強を両輪として成長していきます。

勉強は文字通り、人に強いられて努めます。学びに強制力が伴います。

学校はしっかりした教育課程を編成し、学ぶ内容をきちんと揃えています。授業時数も守っています。子どもが勉強できる環境を整えています。子どもは授業をサボることができません。遊びは基本的に自由です。遊びたい時に遊び、遊びたくないときはゴロ寝もできます。

五十年前の子どもたちの世界が評価されるのは、この遊びと勉強のバランスがよくとれていたからです。そして、生活に「労働」(お手伝い)が加わり、生活時間が三等分されていました。

当時の子は、勉強を強いられつつも、遊びの中で知恵とやる気と発想力を育てていました。

草野球をする時、人数が揃わない場合がよくあります。その時、子どもたちは二塁をなくした三角ベースの野球を考えます。また、「透明盗塁あり」という新しいルールを考え出します。それから、低学年の子どもには三振をやめ、当たるまでバットを振れるルールを適用します。どうすれば、置かれた状況下で面白く遊べるかというプランを考え出すのです。

子どもが遊ぶためには「三間(サンマ)」(仲間、時間、空間の三つの「マ」)が必要です。ところが、今の子どもはこの三間を失っています。忙しい子どもが出現し、遊ぶ時間と仲間を持てなくなっています。そして、宅地開発などが進み、地域の中から遊び場が消えてしまいました。

皮肉なことに、この三間が一番揃っているのは学校となりました。学校には友だちがいます。休み時間があります。体育館や広いグランドがあります。

東京都は子どもの体力不足を解消するために、休み時間を六〇分確保するガイドラインまで設けています。

教師は勉強を教えるプロです。しかし、遊びを教えるプロではありません。なぜなら、遊びは教えられないからです。遊びは、子どもが自ら考えだすものです。

教師の役割は、子どもが自由に遊べる三間の環境をつくってあげることです。

5「仕事」から「夢」へ

「仕事」の説明は少々難しいものです。

「勤労」ととらえれば、納税や教育と同じく憲法で定められた国民の三大義務の一つになります。

仕事は大人になってからするもの、勉強は子ども時代にするもの、という言い方もあります。

プロがするのが仕事、素人がするのは趣味、ともいえます。

四月、教職を離れ教育委員会に異動になった教師が、着任の挨拶で「委員会の仕事は何もわかりません。これから勉強しますのでよろしくお願いします」と述べました。

その時、課長が「勉強しなくてもよろしいです。仕事をしてください」と切り返したそうです。

その真意がわかりますか。

勉強は月謝を払います。仕事は賃金をもらいます。教育委員会ならば勉強だけでは困るのです。課長は、きちっと仕事をしてほしいというメッセージを送ったのです。

夢は見るものです。夢は大きいほどいいのです。夢を抱くとモチベーションが高まります。夢をみるのは簡単ですが、叶えるのは難しいともいわれます。

プロ野球選手のイチローと松坂大輔投手の夢論はそれぞれの表現の違いに特徴があります。イチローは小学校六年生の卒業文集の中で「一番大きな夢は野球選手になることです」と宣言をしています。夢の実現のために努力を重ねます。実際、三歳から野球の練習を始めています。そして、夢を大きく実現させています。

一方、松坂は「見ることはできても叶わないのが夢」といっています。彼は見る夢と実現する目標を分けています。目標は掲げれば達成できるといっています。この目標を達成することで夢の実現ができている、ともいえます。

「夢」に対する表現は違いますが、両者とも夢の持つ大切さは否定していません。夢を持つから努力するのであり、達成する課題も浮かび上がってくるのです。

初夢の「一富士二鷹三茄子」は縁起がよいとされています。夢は私たちをワクワクさせてくれます。まさに、夢心地というように、夢を描くと心が穏やかになります。

仕事はイメージが具体的です。範囲が決まっています。何をすればよいか手続きが定められていますから、マニュアル化もされやすいです。したがって第三者から評価もされやすいのです。つまり、キャリア教育は教えることが可能です。

ところが、夢は漠然としています。「○○をしてみたい」「○○になってみたい」という願望です。具体性に乏しいのです。そのため、夢を持つことを教えるのは難しいのです。

「仕事」は人のやる気を起こさせます。金銭と地位、それから名誉をもたらします。「夢」はそれ以上に人にやる気を起こさせます。夢を抱くことができるようにする教育は大切ですが、簡単にはできません。そのことを自覚して、多くの子どもたちに夢を持たせる教育をして欲しい、と考えます。

五 難しい「今」の教育
――タイミングは教えられない

「教えられないこと」の中核の一つが、タイミングです。「今」を教えるのは並大抵のことではありません。教える側と学ぶ側の呼吸が合わないとうまくいきません。

1 「話し方」と「間の取り方」

三分間スピーチを聞くと、リーダーや教師は話がうまいだけでなく、話をおもしろく語ってくれます。人前でスピーチをする機会が多いために、自然と話術が身についているのです。

では、おもしろい話をする秘訣とはなんでしょう。

次の三つを三分間の話の中に取り入れればいいのです。

一つは、「数字」を入れる。根拠を示すこと

二つ目は、「例えば」と言ってエピソード（ヒューマン・ドキュメント）を入れること

三つ目は、結びとして「夢と希望」を入れること

この三要素の有効性は、おもしろい話だけではありません。説得する時にも使えます。政治家は演説で、必ずこの三条件を随所に入れています。

例えば、年間の予算額を暗記し、何兆円を地域活性化に投入すると訴えます。そして、あの橋の建設に予算を取ってきました、雇用対策として融資額を増額しましたと、自分の力や活動を具体的な形で誇示します。

それに加えて「例えば、あの橋が老朽化する前は私の祖父も荷車を引いて～」などとヒューマニティを感じさせるエピソードを盛り込みます。

それから最後に（実現性はともかくとして）、二十一世紀は資産倍増になりますと夢を語り、私たちに希望を与えます。

「数字」と「例えば」と「夢と希望」をうまく駆使すればよいのです。

高校受験の三者面談があります。その時、N先生はこの三つを使って生徒のやる気を高めました。

「○○君、あなたの三年生の一学期の成績は偏差値でいえば53です。あなたが希望する高校は、このままではちょっと無理かもしれないよ。しかし、ここに一、二年生の時の担任のコメントがあります。これによれば、あなたには基礎学力は十分にある、やる気に乏しいだけとあるね。受験まで半年はある。必死になって頑張ってみなさい。きみならできるよ」と話し、奮起を促すことができました。その後、彼は毎日コツコツと努力を始めたそうです。

話し方は、ポイントを教えることでおもしろく話せるようになり、人を説得することもできます。

ところが、「間の取り方」は説明が難しい。

漫才にボケとツッコミがあります。突っ込まれた方がどのタイミングでボケるか、という「間(ま)」は教えることができないのです。あの0コンマ1の瞬間に入れる合いの手の入れ方は、説明ができない。つまり、話の「間」は教えることが難しいのです。

2 「魚群探知機」と「潮目を読む」

東風吹けば明日は雨、西風吹けば明日は凪

昔の漁師は、夕方の空を眺めて明日の天気をよみました。経験とカンだけで、自分の住んでいる地域の気象予報はできました。しかし、全国規模の予報はできません。漁場が遠くなれば、アメダスの登場を待たねばなりませんでした。

同じことが漁をする際にもいえます。魚の集まるポイントもこれまでの経験とカンで網を打つことはできます。しかし、魚の群れを的確に発見できなかったので大漁のときもあれば、不漁（坊主）続きもありました。

そこに登場したのが、魚群探知機です。科学的な視点で魚の群れを探せます。海底何メートルにどんな魚がいるか、探知できるのです。

科学の力はすばらしいです。これまでの経験とカンだけの世界に、客観的な手法を取り入れ、安定した実績を残せるようにしたのです。

魚群探知機の使い方なら、説明書を読めばわかります。

しかし、魚群探知機の操作を覚えたからといって、すぐに大漁とはいきません。網を打つ瞬間があるからです。ここに熟練の漁師と普通の漁師の違いがあるのです。

熟練の漁師も魚群探知機は使いますが、彼の優れたところは、潮の流れを目で眺め、潮目を読み、網を打つ瞬間を決めることができるのです。

魚は潮の流れに乗って泳いでいます。この潮目を読みながら網を打つ。その瞬間に指示を出すことで、魚を逃がすことなく一網打尽にできます。

魚群探知機は科学的な成果物ですので、その使い方を伝えることができます。半分素人の漁師でも操作できます。

しかし、潮目を読むことは、科学的な成果物の魚群探知機を利用しながらも、「読む」という付加価値を付け加えることになります。これはマネができません。名人芸です。

網を打つタイミングは「今」なのです。

縄跳びもタイミングのスポーツです。

寒くなると、縄跳びをする子どもの姿を多く見かけます。二重跳びができる子もいれば、どうしても縄が足に引っかかる子もいます。縄跳びは、できる・できないがはっきりするものです。縄の動きと体の動きを合わせるタイミングがあるからです。

縄跳びのタイミングを教えるときの指導法として成果を上げているものに「フープとびなわ」(向山洋一編・高畑庄蔵著『フープとびなわでなわとびは誰でも跳ばせられる』法則化障害児教育ブックレット、明治図書)があります。

これは、富山大学教育学部附属養護学校の若き教師(当時)、高畑庄蔵が開発したものです。

フラフープを使います。新体操などで使う丸い輪です。そのまま回すとなかなかうまくできません。そこで、この丸い輪を人間が一人入れるくらいに切り取ります。

まず、子どもはその両端を持って回す練習をします。うまくできたら、教師が中に入り、子どもの肩に手をかけ「先生に引っかからないように大きく回しなさい」と指示します。

次に、足を上げる時は教師が子どもの肩をポンとたたいてやります。回しながら、足を上げるタイミングの練習をくり返します。

さらに、うまく回り出したら教師が外に出て、子どもが足をあげるタイミングに、ポンと手をたたきます。

このステップを繰り返していくと、縄が足にかからずに回すことができるようになります。縄跳びの一重回しは、このステップを踏めばできます。できない子どもにもこの方法で教えることができるのです。

ところが、大縄跳びで回る縄に入るタイミングを教えることは難しいです。「それっ」と背中を押すとたいていタイミングがずれ、縄が足に絡みます。

指導者の感じた「今だ！」と子どもが考える「今」に差がある上に、教師が背中を押した瞬間と子どもが動くまでにタイム・ラグが生じ、結局子どもが跳ぶタイミングがずれてしまうのです。しかし、これも繰り返すうちに、少しずつ克服されていきます。

「啐啄同時（そったくどうじ）」という禅の言葉があります。これは、鳥の雛《ひな》が孵《かえ》るとき、内側から雛が殻を突くと同時に、外側から親鳥も突くことで、うまく孵化するというのです。転じて何かを教えるにしても絶妙なタイミングがあるという意味です。早すぎても、遅すぎてもいけないのです。

「今」を教えることは難しいです。しかし、「今、この瞬間」というタイミングに目を向けていくことが大切なのです。

3 「貯蓄」と「投資」

日本人は使うより貯めることを美徳としてきました。消費より貯蓄に熱心です。今でも、高齢者の貯蓄額は世界でも一番高いのではないでしょうか。

子どもたちはお正月にもらうお年玉は使わずに、「子ども貯金」に回します。管理は親任せです。昆虫のアリやエジプトのフンコロガシのようにせっせと貯めこむのです。

ボーナスが出た時、会社では机の下で貯金通帳を開き、0（ゼロ）が増えていくのを楽しんでいるサラリーマンの姿が見られる、といいます。

日本人は、欧米の人たちから見て次の美徳を持っているといわれます。

「勤勉である」
「正直である」
「清潔である」
「努力をする」
「時間を守る」

この国民性は、稲作を主とする農耕民族の習性から生まれたものです。それ自体は称えられるものです。

貯蓄は、日本人の国民性の集大成ともいえそうです。まじめに働き、時間を守り、正直で努力をするからお金が貯まるのではないでしょうか。コツコツ貯めるには、計画性があり、明日のことを考えて続ける努力と勤勉さが必要です。

ところが、この貯蓄は貯めることが自己目的化されやすいのです。金額が増えることが楽しみになってしまい、貯めたものを何にどう使うか、という意識にまで届かないのです。

逆に、投資は明日より今に生きています。実際、株への投資は極端にいえば秒単位の戦いといわれます。瞬時に売りと買いの決断が求められます。決断するタイミングが難しいのです。まさにハイリスク・ハイリターンです。

規則的な生活リズムは、健康はもとより豊かなくらしに欠かせません。しかし、マンネリに陥りやすく、いつしか自分で決めた生活リズムを守ることが生活上のルールになってしまいがちです。

目的と手段の区別を常に意識していないと、手段が目的になりやすいのです。何のためにそれをしているか、を問いかけていきたいものです。

と、同時に、与えられたチャンスを見逃さずにチャレンジしてほしいのです。時には失敗するかもしれません。それでも、野村監督ではありませんが、「失敗と書いてせいちょう（成長）」と読みたいです。その精神がタイミングの学び方には必要です。

4 「慣習」と「流行」

慣習は、特定の社会で古くから受け継がれてきているしきたりとならわしです。

お正月にお雑煮を食べたり、羽子板で羽根突きをしたり、独楽《こま》回しをするのも慣習の一つです。

もっとわかりやすくいえば、年中行事が当てはまります。

慣習はルーティン化されており、いつ何が行われるか予測できます。

それに対して、流行は現象が決まって起こりません。不安定な動きをするので、先が読めないのです。

流行は、次のように定義できます。

- **新奇性があり、これまでになかったモノ**
- **一過性で消えてなくなる**
- **一定の範囲で同じ現象が見られる**

例えば、お正月に凧揚《たこあ》げをします。これは慣習です。しかし、洋風のカイト凧が流行ると、それは流行となります。カイト凧は、これまでの伝統的な凧でなく、アメリカから輸入されてブームとなった凧です。ブームが去って伝統的な凧が復活すれは、カイト凧の流行は終わります。慣習は不易です。この不易と流行は松尾芭蕉が俳句の世界で説いたもの、といわれています。慣習は伝わり教わることができます。しかし、流行は何がヒットするか、先が読めません。ヒットするタイミングを読むのは難しいのです。企業は大金をかけて市場調査をしますが、何が当るかはたやすくわかるものではなく、常に悪戦苦闘します。

教育は基本的に保守的なものですから、慣習的な側面が多いのです。同じことの繰り返しです。

ところが、十年に一回学習指導要領の改訂で、流行現象が起こる場合があります。「教えること」は慣習です。これは大切にしなければなりません。それと同時に、時代は常に変化し、新しい内容が登場します。先を見据えつつも機を逃さず、何が大切であるかを読んでいくのです。教育という保守的な所でもタイミングは大事です。

六

職人的なセンスを育てる

――今こそ職人魂を引き継ごう

伝えられることは、教えることができます。センス（感覚）は教えることが難しいです。ある業界では、このセンスを職人芸と呼んでいます。職人芸にはどんなものがあるのでしょうか。

1 「技術」を磨いて「技能」を

技術は、辞書的にいえば、「物事を上手に行う方法」です。方法ですから手順がハッキリしています。

手順が明確なので客観的に測定できるのです。科学の世界では、技術は欠かせません。ここから科学技術という言葉が生まれます。

教育の世界では「教育技術」という言葉がしばしば使われます。しかし、なぜか教育技術という言葉は冷たく感じられ軽視されてきました。技術より愛情というトーンが強かったのです。

理論を実践にうつす方法が技術です。愛があっても教える技術がないと、教育論は絵に描いた餅になります。

四十年ほど前の小学校には、跳び箱を跳ばせる技術がありませんでした。教師はみな跳べるようにしてあげたいという愛情は持っていましたが、どうすればよいかわからなかったのです。

跳び箱を跳ばせるためには、「腕を視点とした体重移動を体感させる」と唱えたのは、技術の法則化運動を始めた向山洋一です。これは理論です。このままでは伝わりません。そこで向山は、この理論をもとに跳ばせるための手順を、具体的な記述として示しました（向山洋一著『跳び箱は誰でも跳ばせられる』明治図書）。

こうして跳び箱を跳ばせるための指導技術が、全国の小学校教師に伝わったのです。

教師の世界では、「うまくいった」という実践記録は多くありますが、その手続きを具体的に記述したものが少なかったのです。

技術は伝えることができます。つまり、「教えること」ができます。

技術を学んで自分なりに工夫して身につけたものが、技能となります。技能は技術と違って伝わりません。技能を身につける手続きやプロセスがハッキリしていないので、教えることもできません。技能は盗むものです。自ら意図的に手に入れ、身につけるのです。

それは人が真似できないものです。その人の個性となります。職人芸はまさに技能です。陶芸や大工、左官などの職人さんといわれる人たちは、技能を身につけているのです。

技術は年齢や経験に関係なく身につけることが可能です。しかし、技能は、積み重ねと自らの意図が求められます。常に「どうしてか」「どうすればうまくいくか」「なぜ師匠にできて自分にはできないのか」という疑問を抱き、精進を重ねなければ到達できないのです。

技能は盗むことも含め、自らの創出なのです。

2 「腕」を磨いて「ネタ」を

受け持っている学生二〇〇名に、授業のうまさは教え方のわかりやすさによるのか、それとも教材のユニークさによるのか、尋ねたことがあります。

七割ほどの学生は教え方の腕の方に軍配を上げます。しかし、授業の名人と言われた有田和正は、「材料七分に腕三分」といっています。私は、「ネタ七割、腕三割」説を採ります。これには正解はありません。あくまでどういう論を組み立てるかです。

教える腕は修業すれば上達します。前掲の「守・破・離」のステップを踏むことができます。

鍛えれば教材の読みが深まり、良質の発問を考えることができます。向上する熱意があり、研修に出かけ年数をかけると、教える技術は確実に伸びます。

ところが、ネタ探しはこれまでの研修で身につけることはできません。

独自の問題意識とセンスと全方位型のアングルが必要です。常日頃から、何か面白いものはないかと周りに気を配り、小さなこともメモし、何かに使えないかと考えます。常にネタ探しをしているのです。

ネタを探す教師は、異業種の人たちとの交流を大切にし、フットワークが軽く、気楽にどこでも出かけていきます。いつも刺激を求めています。

ネタといえば寿司職人です。寿司を握る腕も並大抵ではありませんが、修業を重ねれば、いつか一人前に到達します。有名な「すきやばし次郎」の小野二郎は、若い頃不器用で握りが苦手でした。寝る時間を惜しんで練習を重ね、今の腕にまで到達しています。

しかし、彼の市場での魚の目利きセンスは、誰も真似ができないそうです。独自の知恵と感覚で選ぶそうです。また、彼は夏でも手袋をはめています。それは、手のあたたかさを一定に保つためだそうです。そこまでこだわって、シャリを握っているのです。

お笑いの世界ではどうでしょうか。

志村けんが生前、お笑いの「動き」（動作やしぐさ）と発する「言葉」の比率について、「動きが七、言葉が三」と言っていました。

ネタのうち、言葉は台本に書くことができます。つまり、伝えることが可能です。しかし、動きやしぐさは伝えることは難しいのです。見よう見真似、自らの試行錯誤で覚えるしかありません。喜劇王と言われたエノケンや由利徹、それから志村けんも、そうして会得した動作やしぐさで人々を笑わせたのです。

3 「校正の力」と「編集のセンス」

本が出版されるまでには様々なプロセスを経ます。単純化すると、編集者の企画の元に著者が原稿を書き、活字に回されます。そのあと校正者が原稿をチェックします。この校正は初校、二校、三校と重ねられ校了となり、その後印刷に回され、取次会社を経て書店に並びます。

それでは、編集のセンスと校正の仕方はどう違うのでしょうか。

校正は素人にはできません。校正の仕方には決められたルールと申し合わせがあります。一定の修業を重ねて会得します。

校正の技術に近いのが速記です。ミミズがはったような速記文字があります。特定の人しか判読できない形をしています。国会や審議会の速記者はみんなこの特殊な技術を身につけています。

編集のセンスはどうでしょうか。紹介したいのは、『少年ジャンプ』（集英社）の編集方針です。一番売れたのはお正月などの合併号で、およそ六五〇万部といわれています。なぜ、少年ジャンプは売れたのでしょうか。その秘密は四つあるようです。

一つは、子どもの金銭感覚を大切にしたことです。昭和期のあるときまで、ジャンプの値段は一七〇円でした。『少年マガジン』（講談社）、『少年サンデー』（小学館）は一八〇円。ジャンプは一〇円安かったのです。

当時、ロッテの「ビックリマンチョコ」が一個三〇円でした。子どもが二〇〇円持っていれば、ジャンプを買い、余った三〇円で一個のビックリマンチョコが買えたのです。当然、集英社とロッテはコラボして戦略を練っていました。

二つ目は、読者参加型を取り入れたことです。漫画は作家と編集者だけでつくるものではなく、読者にも参加してもらい、一緒につくるという方法を編み出したのです。

それが人気漫画でのキャラクターの募集でした。「キン肉マン」に登場するキャラクターを募り、よいものは採用しました。それだけでなく、発案者の氏名を作品の中で紹介しました。読者の存在感を高めたのです。

学校は個人名を残しません。賞状や盾、トロフィー、卒業記念作品などを見ても、記されているのは学校名や学年・クラス名です。ところが、塾やお稽古は個人名が中心です。教室や道場には、〇〇大学合格者、〇〇段昇格者と個人名が掲示されます。

子どもは自分の個人名が欲しいのです。そこに自分が存在する証を求めます。

三つ目は、作家の世界に競争原理を導入したことです。

『少年サンデー』『少年マガジン』の創刊は昭和三四年です。『少年ジャンプ』の創刊は九年遅れの昭和四三年です。当時名前が通り、売れっ子の漫画家は『サンデー』『マガジン』に取られていました。

執筆を依頼しても断られます。そこで方針を変え、新人作家の発掘を始めたのです。目にとまったのが、当時一九歳だった「男一匹ガキ大将」を描いた本宮ひろ志であり、「デビルマン」の永井豪でした。

若い作家に焦点を当てチャンスを与えたのです。そして、連載の基準は編集長ではなく、読者の投票で決めました。それが、毎週面白かった漫画を選ぶ「読者アンケート」です。

アンケートで人気のない漫画は著名な作家でも打ち切られました。人気があれば新人作家の場合二〇週までは連載できました。このシステムで、新人作家のモチベーションが高まりました。

四つ目は、編集方針に哲学があることです。

編集長は、漫画を通して青少年を育てたい、というミッションを抱いていました。具体化したビジョンは、次の三つの編集方針の言葉にこめられています。

「努力」「友情」「勝利」

編集長は作家たちに、青少年に「努力すれば実現できる」「友情は代え難く大切なもの」「勝利すれば達成感を味わえる」というメッセージを発信して欲しい、と訴えたのです。ただし、使用するキャラクターや言葉、ストーリーは、時代に合わせて変えてもよいということで。

編集のセンスそのものは真似できないとしても、『少年ジャンプ』成功の秘訣の一から三まではステップがはっきりしていますので真似できます。

真似できないセンスは、四番目の哲学です。青少年を育てるときに欠かせないキーワードは何かを探し出すのは、時代を見る目のセンスなしには不可能です。時代とともに変わるものと変わらないものの見極めが大切になります。

4 「伝える」と「広める」

日本全国に仏教が伝播し始めたのは平安時代でしょう。仏教の伝播に貢献した代表的な二人が最澄と空海ではないでしょうか。歴史の教科書によると、最澄が比叡山延暦寺で天台宗を開き、彼の死後は、朝廷から諡（おくりな）として伝教大師が贈られました。空海は高野山金剛峯寺で真言宗を開き、死後、諡として弘法大師が贈られました。そして、最澄の教えを顕教、空海の教えを密教といいます。

顕教は学びを大切にします。お経を忠実に理解し、何が問題かを明らかにしようとします。みんなにわかる論理的な考えを積み重ねていきます。最澄は今でいえば東京大学の学長といえます。

最澄が伝教大師といわれたのは、伝える力があったからだといえないでしょうか。

一方、密教は儀式的な修行を大切にします。この修行によって不思議な効果や成果が得られます。木片を火中に投じる護摩という儀式を通して、理解できない不可思議な御利益が生まれる、というのです。

空海は、真言宗を教えるだけでなく、農民のために池を作るなど社会福祉的な事業も行います。また、庶民の学校として綜芸種智院《しゅげいしゅちいん》も開設します。それから、四国に八十八箇所の霊場も開いています。

空海にまつわる伝説は日本各地に残っています。弘法大師が杖をつくと泉が湧き井戸や池となったという「弘法水」の伝承は千を超える、といわれます。仏教の教えを伝えるより、広めたことが貢献なのではないでしょうか。

最澄は、仏教の神髄を伝えることを主としていました。空海は仏教の神髄を広めることを主としていた、といえます。

教える手段として、最澄は教師が教壇に立ち高説を述べる講義のレクチャー形式が中心で、空海は自由な議論を活発化させるワークショップ形式であったのではないでしょうか。

一斉授業の形式は安定した教育内容を伝えるのに適しています。合理的で瞬時に相手に覚えてもらうことが可能です。

個別指導は一人ひとりを大切にします。その子どもにあった指導や自由に発言させる体験型の手法をとります。

最澄は一斉授業型、空海は個別指導型であった、ともいえるでしょう。

5 「三大栄養素」より「味覚」

食育基本法が制定されて十五年が経ち、食への関心が高まっています。反面、子どもの「こしょく」が問題となっています。

「孤食」は、一家団らんでなく一人で食べることです。

「個食」は、一人ひとりメニューが違う食べ方です。

「固食」、は、いつも決まったものしか食べないことです。
「粉食」は、柔らかい麺類を好んで食べることです。

子どもたちの食事を三大栄養素から調べてみると、昭和五十年代から脂質とタンパク質が増え、炭水化物が減ってきています。三つのバランスが失われています。

この栄養のバランスは、健康寿命にまで影響を及ぼします。健康寿命が長い山梨県や静岡県は栄養バランスがとてもよいのです。

三大栄養素は、食育の基礎基本です。栄養素の摂取に関してはカロリー計算ができ、測定が可能です。

一方、味覚は測定が難しいです。味覚は甘味、苦味、酸味、塩味、うま味の五つが基本味とされています。しかし、これらは、個人によって受け止め方が異なります。あくまで感覚ですので測定が難しいのです。

例えば、「お袋の味」といってもイメージする味はみんな異なります。ラーメン屋などの隠し味もわかったようでわかりかねます。

この味覚のことで忘れられないエピソードがあります。

大学院の学生時代、ある教授に「教師の資質で何が一番大切ですか」と質問したことがあります。

そのときの答えが、「味覚に敏感な人が教師に向いている」でした。

「きょうだいでも、兄は魚が好きで、妹は肉が好きというケースがあります。同じ両親から生まれ、同じ環境で育った者同士でも食の好みに違いがあります。同じクラスの三五人の中で、好みが分かれるのは当然です。味覚を大切にする人は、一人ひとりを大切にします」。

三大栄養素は、栄養素ごとに分解できます。教えることが可能です。

味覚は口の中で生じるトータルなもので、分解できません。味の感覚は他者に伝えることは難しいのです。秘伝の隠し味といって大切にされることが多いのですが、味は隠さなくても伝えにくいものなのです。

「味覚に敏感」な教師を目指しましょう。

七 教育実践はどうすればよいか——学校改革の視点1

学校の当たり前を捨てろ、といわれています。捨てるのは簡単なようにも思いますが、どこから手をつければよいのでしょうか。そのヒントを提示したのがこの章です。

1 「当番活動」から「係り活動」へ

学級づくりの基本の一つは、当番活動と係り活動を決めることです。ところが、当番活動と係り活動の違いを教職課程をとる大学生に書かせると、半数の学生は違いを説明できないのです。これまで、意識して取り組んでこなかったようです。

当番活動ですぐに浮かぶのは、給食当番・掃除当番、それと日直です。

係り活動ですぐに浮かぶのは、何でしょうか。人によって違うのではないでしょうか。飼育係り、お楽しみ係り、学習係りなど多くの係りが浮かびます。

係り活動と当番活動の違いは何でしょうか。

決定的な違いは、当番活動はみんなが均等にほぼ毎日行う活動ですが、係り活動は自分で選べる活動ということです。当番は義務的です。係り活動は自主選択できるのです。

当番は全体の仕事をみんなで分担しますが、係り活動は選択の自由という柱で成り立っています。

ここで注意してほしいのは、給食当番と給食係りの違いです。

給食当番を、小学校一年生の四月から設置してはいけません。慣れない給食当番をみんなに順番としてさせると、失敗する子どもがきっと出ます。

ところが、係り活動は子どものやる気を大切にするものです。好きこそ物の上手なれですから、小学校一年生の二学期当たりから給食係りを設けてもよいでしょう。

当番活動を決めるときの目安は、誰もが気軽にできることです。

逆に、係り活動は子どもの意志を大切にし、チャレンジングな活動を選択させていきます。

当番活動はあらかじめ、教師が必要と思って設定するものです。議論の余地はありません。

どんな当番をつくるかについて議論をすると、当番と係りの違いが不鮮明になってしまいます。

係り活動は子どものやる気と選択の自由を大切にします。やりたい係りをできるだけ出させます。出された係りの中で希望を募り、立候補させるのです。希望者が多いときの解決方法は子どもたちに任せます。

係り活動は子どもの可能性を広げます。豊かな係り活動が行われているクラスや組織は、結果として創造的な文化を生み出しています。

当番は義務的な分担ですから、教師が枠を設定します。

係り活動は、子どもの自由な発想を大切にするので、教師が枠をはめてはいけないのです。子どもたちに任せるのです。

2「業間体育」から「業間休み」へ

小・中学校の休み時間には、業間休みと業間体育があります。この二つの哲学は基本的に異なります。

学校全体でグラウンドを走ったり、一斉に縄跳びや鉄棒の練習をしたりするのが業間体育です。決められた時間に決められた活動をみんなで行います。授業の一貫ですので、基本的にはサボることはできません。

業間休みは二〇分間の休み時間です。子どもたちは自由に何をしてもよいのです。教室でトランプ遊びをしてもよいし、体育館でバスケットを楽しんでもよいのです。それから、グラウンドで走り回っても、ブランコや鉄棒で遊んでもよいのです。

今、この業間休みが見直されています。子どもたちの遊ぶチャンスが、学校だけになってきているからです。

ある学校では、一週間のうち、毎週火曜日だけ四五分間の長い休み時間を考えていました。火曜日だけ朝自習をやめたり、昼休みを短くしたりして時間を確保します。子どもたちには、「偶数の火曜日はクラスの人たちと遊びましょう」「奇数の火曜日は他のクラスの人と遊びましょう」と言うだけで、誰と遊び、どんな遊びがよいかは示しません。

四五分間ものまとまった休み時間を設けると、五、六年生の遊びが変わってくるそうです。

二〇分の業間休みでは、高学年の子どもたちは教室に残り、雑談やゲーム的な遊びが中心でした。それが四五分間になったことで、グラウンドに出てくるようになったそうです。

結果として、グラウンドは子どもたちでいっぱいになり、知らない友だちとも遊ぶようになったそうです。

小学校には一年生から六年生までいます。発達の幅が広いです。これまでのように、一律に休み時間を決めていてよいのでしょうか。

学校の当たり前を捨てる時期に来ています。

低学年は一〇分間休みでも外に出て遊びます。高学年は二五分や三〇分というまとまった時間があれば、外に出て遊びます。

教育課程は学校単位で独自に編成できます。二〇分のモジュール授業が取り入れられ始めています。クツに足を合わせて履かせるのでなく、足に合わせてクツを履かせるように、休み時間を子どもの遊び行動に合わせて組み替えてはどうでしょうか。

学校の改革は、こうした小さなことから始まるように思います。

3 「組織づくり」から「学級文化」へ

教師が一年間で一番エネルギーを注ぐのが四月の学級開きです。その中でも最初の三日間が肝腎です。ここから「黄金の三日間」という言葉も生まれています。

そして、学級づくりの本や担任の心構えに関する本もこの時期に出されます。月刊誌でいうと「四月号」が一番売れるのです。

学級づくりの基本は、ばらばらな群れを集団にすることです。それには、次の五つのステップを踏まえればよいのです。

一つ目は、「座」を与えることです。

忘年会や新年会、それから親睦会などの懇親会で座席表が配られます。それを見て一喜一憂した経験はありませんか。内心ラッキーと思ったり、どうしてこの席なんだと気持ちが沈んだりしたこともあるでしょう。

クラスでは、この「座」が「座席」になります。座席が決まると子どもたちはホッとします。女子中学生が「お母さん、明日学校が楽しみです。席替えがあるのです」と喜んでいます。担任とクラスは選べません。席替えだけが唯一、選べるものなのです。

入学したての小学校一年生には、机のはしに名前を書いた紙を貼り、一年生が座る席をあらかじめ決めておきます。担任は、「ここが皆さんの席です。明日も学校に来たらここに座ってください」といい、学校に来てもまごつかないようにしています。

二つ目は、友だちづくりです。

席の隣同士向き合って、互いに自己紹介をして友だちづくりをします。この時、握手も行う先生がいます。握手は肌が触れる分、お辞儀よりリアリティがあります。「ほそい指、冷たい手、大きい手」という感触を味わえます。

一年生には、「今、握手した人はこのクラスの友だち一号です。大切にしてくださいね」と言ってあげます。その後、前後の子同士で握手をし、「この人が友だち二号です」と言います。これを繰り返しながら、友だちを増やしていきます。友だちが増えると子どもは安心します。

三つ目は、困ったときの解決方法です。

小学一年生の入学式の後の教室で、どの子どもも困ることが一つあります。何だと思いますか。それは、トイレの場所がわからないことです。

幼稚園、保育園と違って小学校は大きく戸惑います。その上、日本人はトイレに行くことを隠しがちです。

そこで、「これから、先生が○○小学校のトイレのある場所を教えます。さあ、行きましょう」と言って教えます。トイレが終わった後の、水道の使い方（開け方と閉め方）とハンカチの使い方も教えてあげます。子どもたちはきっといい顔をします。

四つ目は、学校であったことを家で話すことです。

「あのね、今日、学校でね……」

学校で楽しいことがあれば、子どもは家で話したがります。一年生の時が一番「あのね、」が多いでしょう。連絡帳で保護者に「最近学校の話が出ていますか、それとも減っていますか」と尋ねてください。子どもの学校での本当の気持ちが理解できます。

家で学校の話をしているかは、一つの学校評価となります。

五つ目は、少しチャレンジする場面をつくることです。

小学校の帰り際によく行われているのは、担任とのじゃんけんゲームです。勝った人から帰れるなど、ユニークなルールも生まれています。

その時大切なのは、先生は本気で勝負しないことです。いつも同じ形を出します。すると、ジャンケンの弱い子どもでも一定のパターンを見つけ出し、勝てるようになります。それから、握手をして笑顔で別れます。

少しチャレンジさせる場面の選定が、明日への楽しみになるのです。

一方、学級文化づくりは組織づくりのようにはいきません。ステップ化が難しいのです。

文明は伝わります。電気、機械、情報機器は文明ですからあっというまに世界に広がります。

文化は個別的で特殊性を持つので、特定のところに限定されます。広がりを持ちません。

学級文化も同じです。同じ教師でも受け持ったクラスによってつくられる学級のカラーは異なってきます。学級文化は、担任とその時の子どもたちがコラボし、お互いが切磋琢磨し、つくり上げられるものです。

学級目標も異なってきます。お楽しみ会、係り活動、自然教室での肝試しなどの学級活動は、それぞれのカラーが出ます。

組織づくりは手続きがはっきりしているので、真似が可能です。学級文化づくりは集団を構成するメンバーに左右されます。集まった人たちの熱意と活動がブレンドされて、文化として発酵されるのです。真似が難しいのです。

4 「ルール」「マナー」から「モラル」へ

集団を維持するには、次の三つが不可欠です。一つでも欠けると、早晩、集団は崩れ始めます。

「ルール」
「マナー」
「モラル」

ルールは信号機を例に取ればわかるでしょう。赤信号は止まれ、青は進めです。幼児でもわかる基準です。そして万国共通です。

ルールは例外を認めません。基準がはっきりしています。遊びやスポーツもルールなしでは楽しめません。ただし、ルールそのものは変えずに、公平に競えるようにハンディを付けることはあります。将棋では「飛車角落ち」、囲碁なら「置き石」など。こうしたハンディは弱い人も面白く遊べるようにするためのルールともいえるでしょう。

マナーは特定の集団だけに通用する行動様式です。その集団の文化ともいえます。
マナーはしばしば衣・食・住に関して厳しくいわれます。日本人ならお茶碗と箸を使って食事をし、座るときは正座かあぐらを組みます（韓国は立て膝です。それを隠すために女性のチマ・チョゴリという民族衣装ができました）。冬になればオーバー・コートは室内では脱ぐようにします。

このマナーを守らないと、時として、周りから白い目で見られます。親はそれを恐れて、幼児期から集団（国や地域）で行われている振る舞いを身につけさせようとします。親たちは、「所変われば品変わる」や「郷に入っては郷に従え」という言葉を、折に触れて伝えます。

モラルは、集団が備えている倫理観や道徳意識、善悪の基準といわれます。平たくいえば人間として、大人として守り行う道です。

人を殺してはいけない、ウソをついてはいけない、いじめてはいけないなどの徳目として具体化されます。

ルールとマナーは教えることができます。それぞれ基準ははっきりしているので、それに照らし合わせることが可能です。

ところが、モラルは大切なことですが、基準が安定していません。戦争はある意味では殺人ですが、世界では自衛として認められるケースもあります。日常の殺人でも正当防衛が認められます。そして、ウソも方便というようにウソの効用も認められます。

モラルは状況によって変わってくることもあり、教えることが極めて難しいのです。

学級崩壊は、まずルール違反を見逃すことから生じます。授業中勝手に席を立たない、チャイムが鳴ったら教室に入る、教科書とノートを机の上に出すなどの基本的な学習ルールを守らないことを教師が見逃してしまうのです。

次にマナー違反が出てきます。体育の時一人だけ着替えない、給食の時嫌いな食べ物を押しつける、掃除の順番をごまかすなど、学級のしきたりを守らない行動です。

最後に、モラルの欠如、モラルハザードと呼ばれる状態になります。学級が無秩序に陥るのです。子どもたちが教師の言いつけを聞かず、「何言ってんだ」と口答えを始めます。

学級づくりにおいては、わかりやすいルールをきちんと定めることが大事です。次に学級のマナー（しきたり）を浸透させます。ここまでは、しっかりと教えることができるので、徹底させます。

そして、モラルは教えることは難しいので、時間をかけて育てていきます。単に徳目を並べて教えても子どもの頭を素通りしがちです。一度や二度では、心の中まで浸透しないのです。「わかっているけどできない」のがモラルなのです。

まずはルールとマナーをきちんと身につけさせた上で、モラルは折に触れて伝えることで集団に浸透させ、じっくり育てて行くのが早道です。モラルは、ある意味では漢方薬です。じわじわ効いてくるのです。

5 「優等生」から「ガキ大将」へ

優等生は、小さい頃「おりこうさん」といわれてきた人たちです。親や教師の言いつけを忠実に守り、日常の生活では曲がった行動はとりません。品行方正でみんなの模範となれる人、といわれてきました。

学校では学級委員や学級代表と呼ばれています。戦前は級長と呼ばれていました。当時の級長は学校長が任命していました。成績と行動が任命の決め手になっています。旧制中学校では一組の級長の学業成績は学年でトップでした。学年六クラスの学校では一組の副級長の成績は七番目と推測できたのです。

一方、ガキ大将はチョイ悪です。勉強はできないが、腕っぷしが強く、遊びをつくり出す名人でした。授業中は眠っているか、漫画を読んでいました。休み時間や放課後になると顔色が変わりイキイキとします。

ガキ大将がみんなから一目置かれたのには、理由があります。それは遊びの仕切ができたからです。

異年齢で野球やサッカーを行うときの、チームの分け方は難しいものです。均等に分けないと試合が面白くなりません。そこで、相手同士、メンバーの分け合いをするのですが、最後はガキ大将が両方の力のバランスを考え、うまく取り替えるのです。

また、人数が少ないときは野球の三角ベースを考案し、ヘタな人には三振なしというハンディを付けたり、ルールをうまく変更して楽しむ術を知っていました。

そして、どこの畑においしいスイカや瓜があるかも知っています。見つからないようにこっそり盗みに行くのです。学校では許されないチョイ悪を、みんなを従えてやっていました。

ガキ大将のよさは、彼らが大人になったときに効果をもたらします。

彼らは大学生や社会人になったとき、コンパやクラス会の幹事や友だちの結婚式の司会者などの役割をこなせるのです。

優等生の評価は、学業成績のように基準が明確です。教師や親から見てほめられる行動様式をとります。

一方でガキ大将の評価は基準がはっきりしていません。仲間を統率する力、ルールをつくり、ルールに従って公平にジャッジする力、みんなを楽しませる遊びをつくり出す力などの測定は難しいのです。優等生は教えることができますが、ガキ大将には目安がないので、教えることは難しいのです。

新しい学習指導要領が求める人間像は、ガキ大将的な資質を持った姿、そしてそれを育成する力こそが教師に求められているのではないでしょうか。

八 実践課題は何か――学校改革の視点2

学校は制度疲労を起こしています。その疲労の兆しが多くみられます。その兆しを早期発見し、解決策を持つのが学校改革の一歩です。学校にみられるネガティブを減らし、ポジティブを増やしたいものです。

1 「いじめ」をなくし「けんか」を

いじめとけんかは、一見同じに見えて区別がつきにくいものです。とくに親と教師はそれらを同様に扱いがちです。しかし、いじめとけんかは決定的に違います。

私は大学一年生を対象とした授業の最初に「いじめとけんかはどこが違いますか。一言で説明しなさい」との問いを発します。

まずノートに自分の意見を書かせます。次に隣の人とお互いに意見を述べさせます。すると、両者を混同した意見が多数出てきます。

そこで、次のように説明します。

「いじめとけんかは本質的に異なります。けんかにはルールがありますが、いじめにはルールがないのです。だから、いじめは撲滅させなければなりません」。

ここでいうルールとは、攻める方が相手に手心を加えることです。けんかは相手同士に暗黙の了解事項があります。

動物の世界でもルールはあります。

ライオン同士がけんかを始めます。自分の方が弱い、負けたと思った方は仰向けになり、相手に腹を見せます。これは「まいった」というサインです。そうすることで、強い方は去って行きます。それ以上攻めることはしません。

犬を飼った人は覚えがあると思います。飼い主に甘えるとき、仰向けになりお腹を見せます。哺乳動物は弱点を示すときや気を許す相手には仰向けになりお腹を見せるのです。

きょうだいげんかを考えてみてください。兄が妹を怒り懲らしめるときに本気は出しません。ポーズで手心を加えて軽くたたきます。また妹も、軽くたたかれても涙を流し、兄を困らせるときがあります。これを「嘘んこ泣き」といいます。妹や弟はこの嘘んこ泣きの名人です。兄は手心を加えるという暗黙知を身につけているのです。

だから、「きょうだいげんか」という言葉はありますが、「きょうだいいじめ」という言葉は存在しないのです。

同じことが夫婦の間にもあります。「夫婦げんか」という言葉はありますが、「夫婦いじめ」という言葉はありません。この場合は、夫婦のどちらか、いじめられた方は逃げていきます。つまり離婚という手段に訴えることになります。

日本の親子関係でも、これまでいじめは存在しませんでした。それが今や虐待といういじめに似た形を呈し始めています。これはいじめを通り越して暴力であり、犯罪です。ルール無き親の横暴がまかり通りつつあります。

昔から子どもたちはだれかと遊ぶとけんかをし、けんかをしながら成長した、といわれてきました。それはいうまでもなくけんかにルールがあったからです。そして、けんかをしながら、相手の表情をよく観察していました。顔つきを見て本気か「嘘っ気」かを判断していました。

子どもたちは遊びながら、相手を知り自分の力を確認できたのです。

ルールのあるけんかが、子どもたちの成長の肥やしになっていたのです。

2 「怒鳴る」人から「叱る」人へ

子どもを叱れない親が増えています。子どもがいたずらをすると、頭からガミガミと注意をするか、それとも黙認するか、見過ごすだけです。

そうした親は、子どもに明確なしつけの基準を持っていないのです。持っていたとしても、その基準が朝令暮改的で安定していないのです。

そして、子どもの行動を注意したとき、なぜそれがいけないか、子どもと正対して説明しないのです。

子どもには怒鳴るのではなく、叱るようにします。叱るには論理が必要です。「こうした状況ではそのようにしてはいけない」ことを子どもにわかる言葉で説明するのです。

怒鳴る場合は論理がありません。感情が中心になります。冷静さを欠き感情の赴くままに、つい怒ってしまうのです。

子どもを叱れないのは親だけではありません。教師の中にも、叱れずに怒鳴る教師が増えつつあります。

よく見られるのは、掃除の時間や給食の時間です。食べ残しをする子どもに対して、「好き嫌いをいってはいけません。残してはいけません。食べきるまでは遊べません」と長々と理不尽な説教をする教師が、いまだにいます。

また、帰りの会が長引く教師がいます。細かなことをねちねちと注意しながら、「先生がいつも言っているでしょ、なぜ守れないの」と延々と小言を垂れるのです。

教師は言ったつもりでも、それが子どもに届いていない場合もあります。そして、一度言っただけで、すべての子どもができるとは限らないのです。こうしたことを理解していない教師が、つい怒鳴ってしまうのです。

子どもを怒鳴ることの怖さは、体罰につながりかねないからです。

体罰は法律で禁止されています。

学校教育法第十一条では、次のように規定されています。

「校長及び教員は、教育上必要があると認めるときは、文部科学大臣の定めるところにより、児童、生徒及び学生に懲戒を加えることができる。ただし、体罰を加えることはできない。」

体罰は、大きく次の二つに分けられます（文科省通知　24文科初第1269号 平成25年3月13日より）。

「身体に対する侵害を内容とするもの（殴る、蹴る等）」

「児童生徒に肉体的苦痛を与えるようなもの（正座・直立等特定の姿勢を長時間にわたって保

持させる等）」

教師はいかなる場合でも子どもに手を上げてはだめです。暴言を繰り返すパワハラもだめです。「自分が先に暴力を受けたのだから、ちょっとしたビンタくらいはよいだろう」は、もう通用しないのです。

しかし、教師は子どもに懲戒を与えることはできます。例えば、肉体的に苦痛を伴わない次の場合は、懲戒として許容されます。*

「放課後等に教室に残留させる」
「授業中、教室内に起立させる」（廊下に立たせるのは体罰です）
「学習課題や清掃活動を課す」
「学校当番を多く割り当てる」
「立ち歩きの多い児童生徒を叱って席につかせる」
「練習に遅刻した生徒を試合に出さずに見学させる」

私の中学生時代の記憶に残る教師が二人います。一人は悪さをした生徒四、五人を一列に並ばせ、「歯を食いしばれ、股を広げ足の親指に力を入れて踏ん張れ、いくぞ！」と言って私たちの頬にビンタを加えました。生徒は誰も倒れませんでした。血も流しませんでした。

もう一人は、若い教師で、教室で悪さをした生徒に興奮して近づき、急にビンタを加えたのです。その生徒はフラフラして倒れ、口中が破れて血を流しました。教室では生徒たちから悲鳴が上がりました。

どちらの教師も今でいう体罰を加えています。手を上げては申し開きができません。私たちを殴った教師は、確かに責められるべきでしょう。

しかし、前者の教師の行動は手を上げた以外は、懲戒なので理に適っています。

体罰に筋道はありません。なぜそうされたか、振り返ってみても意味は読み取れません。痛みだけが残ります。それに対して、懲戒はそのときは確かに頭にきます。叱られた直後は確かにカッカしますが、筋が通っているので、冷静になってみると、自分たちの犯したまずさに気づきます。

同窓会の席で、最後に恩師の胴上げをするシーンがよくあります。

体罰をくらわせた教師に対しては、胴上げしたとき手を離すといわれます。「江戸の敵を長崎で討つ」のです。

懲戒を受けた教師に対しては、決して手を離しません。最後までみんなで支えます。支えら

＊学校教育法第11条に規定する児童生徒の懲戒・体罰等に関する参考事例：文部科学省
https://www.mext.go.jp/a_menu/shotou/seitoshidou/1331908.htm

れる教師になりたいものです。

3 「えこひいき」をなくし「ひいき」を

どんな教師が好きですか、といった調査が多くあります。どんな結果が出るでしょうか。これまでの多くの結果をまとめますと、興味深いことに、小学生、中学生、高校生とも、結果は同じなのです。

ベストスリーは、次の通りです。

「授業がわかりやすい」
「隔てなく公平に接してくれる」
「親身になって相談に乗ってくれる」

「授業がおもしろくてわかりやすい」がトップに来ます。これは納得できます。校種・学年が異なってもやはり、教師は授業で勝負するのです。

次が「公平に接する」ですが、これはひいき、えこひいきの否定です。子どもたちは、「あの先生は、誰かさんばかりひいきにしている」と言います。特別扱いをするのを嫌います。これもわかります。

三つ目に、ヒューマンな触れ合いをし、子どもの目線で話を聞いてくれる人を求めています。自分に寄り添ってくれる先生が好きなのです。

ここで注目したいのは、ひいきとえこひいきの違いです。日常的には意識せずに混同している人が多いと思います。

「ひいき」は人間であれば、誰でもが持ち得る感情で、特定の人を好きになり、陰にひなたに応援することです。そして、本人たちはそのことを認識しています。

こうしたひいき筋を相撲の世界では「タニマチ」と呼んでいます（大阪の谷町に住んでいたお医者さんが、相撲取りを大切にしたことから生まれた言葉です）。また、タレントでは「追っかけ」や宝塚歌劇などのスターたちに対する公演後の「出待ち」があります。

「えこひいき」では客観的に見れば明らかに「ひいき」しているのに、本人がそれを認めないのです。また、自覚もない。これが困るのです。


えこひいきは教師の世界にも多く見られます。

子どもたちは「あの先生、あの子ばっかり……」と思っているのに、教師の方は、真顔で「私は、子どもを分け隔てなくみんな同じように接し、公平に扱っています」と公言します。自分はどう見られているか、第三者の目で冷静に見ることが、なかなかできないのです。医者は、自分の身内や友だちの手術はしないそうです。情が入ると手が震えて腕が鈍るそうです。

教師も人間です。好き嫌いはあります。苦手な人もいます。すぐに名前を覚えられる子どもと視野に入ってこない子どもがいても当然です。

著名な教育実践家である斎藤喜博と向山洋一は、放課後、教室の中で子どもと同じ向きで椅子に座り、各列の子どもの名前を順に読み上げる練習をしたそうです。そして、どうしても思い出せない子どもを確認して、次の日から意図的に接する機会を設けたそうです。

誰しも、気がつかないうちにえこひいきをしているかもしれません。しかし、それでもえこひいきとひいきの違いを自覚しながら、子どもと接するのが専門職ではないでしょうか。

4 「迷信」を捨て「言い伝え」を

子どもたちの間で、よく次のようなことがいわれます。

「四つ葉のクローバを見つけると、幸せになる」

「三人で写真に写ると真ん中の人は早く死ぬ」

「霊柩車に出合ったときは、親指を隠す」

「茶柱が立つと縁起がよい」

「夜に靴を下ろしてはいけない」

これらは迷信です。どれも根拠が薄いものです。そして、否定的なものが多く、人を惑わせます。

それに対して、次のような言い伝えがあります。

「敷居を踏むな、親の頭を踏んでいるのと同じ」

「夜爪を切るな、親の死に目に会えなくなる」

「はじめチョロチョロ、中パッパ、赤子泣いても蓋とるな」（美味しいご飯の炊き方）

これらの言い伝えは、誇張表現が使われてはいますが、それなりの説明ができるのです。

日本の家屋は木造でできています。子どもが遊び半分で敷居を何回も踏むと傾くのです。敷居が傾くと戸がよく閉まらなくなるのです。そうすると、冬場になると隙間から風が入るようになって、具合が悪くなるのです。

ちなみに、欧米の建築では煉瓦やコンクリートが多いので、この言い伝えは使えません。

また、夜に爪を切ると、なぜいけないのでしょうか。それは、深爪をするからです。戦後すぐまではランプの生活でした。薄暗い中で爪を切ると深爪になりやすかったのです。農家では深爪をすると、翌日に手が痛くて農作業ができなかったのです。

「はじめチョロチョロ」とは、米に水を吸収させる時間です。予備炊きといわれます。弱火が必要です。「中パッパ」とは、水を吸収させた後は強火で炊きます。そして沸騰し始めたら、弱火にします。最後に「赤子泣いても蓋とるな」で、蒸らしに入ります。このときは釜の温度を下げないことがコツです。蓋をとってはいけないのです。

言い伝えには、それなりの根拠があります。理屈がつけられるのです。

「予言者」と「預言者」にも「迷信」と「言い伝え」と同様のことがいえそうです。

予言者は「あと三〇年で地球が滅びます」とか、「近々大地震がきます」というように、根拠のないことを言いふらします。古代の祈祷者のお告げに近いのです。話に筋道がなく誇大妄想的な語りになります。

一方、預言者は字のごとく神の啓示を預かり、それを自分なりに整理して、大衆に広めていく者です。その話は、長年かけて体系化されます。そして、宗教となるものもあります。

神（ゴッド）のお告げを山の頂で最初に受けたのがアブラハムで、彼は信仰の父といわれます。次に受けたのがキリスト、そして、その次がマホメットといわれ、キリスト教やイスラム教として今日まで残っています。

神は一人ですが、お告げを受けた人と時期が異なるのです。だから、それぞれに預言者がいるのです。

迷信と予言者は根拠が弱く、信用できません。言い伝えと預言者にはそれなりの意味づけが可能です。時代に淘汰されてきた価値あるものです。

教師には、言い伝えの知恵と、預言者とはいわないまでも教えられることの体系化を目指して欲しいものです。

5 「間食」をなくし「お八つ」を

子どもの食育で、おやつが消えて間食が増えている、といわれています。おやつと間食はどう違うのでしょうか。

おやつはかっては「お八つ」と書きました。八つ時（どき）に食べたからです。八つ時は、今でいえば、午後二時から四時の間です。

落語で有名な「ときソバ」を知っていますか。ソバの代金を払うとき「今何時（どき）だい？」といって一文ごまかす話がありますが、江戸時代、庶民の家には時計がありませんでした。時刻を知らせるのは、一刻（約二時間）ごとに撞かれるお寺の鐘だけでした。

八つ時を知らせるお寺の鐘を日安に食べていたので、何度もお八つを食べることはありませんでした。お八つは一日に一度なのです。

間食は、給食と夕飯の間に何回も食べられます。食べたいと思った時に食べてしまうのが間食です。

子どもが好きな食べ物は、チョコレート、ポテトチップス、それからアイスクリームという、すぐにお腹がすく物です。ちなみに、子どもが嫌う間食物は、羊羹、おまんじゅう、それから堅いせんべいです。これらはみんなお腹の持ちがよく、高齢者が子どもの頃、好んだ物です。

間食は夕飯までの間だけとは限りません。夕飯を食べた後も、漫画やテレビを見ながら、手と口を動かしてちょこまか食べています。

間食が増えることから、子どもたちの食生活のリズムが乱れ始めました。今一度、間食をなくし、お八つを復活させたいものです。

お八つは理にかなっています。生活リズムをつくります。間食はアットランダムです。いつ食べるか誰も決めていません。筋が読めないのです。

だから、生活リズムが乱れるのです。お八つ文化の復活を願うのは私だけでしょうか。

九 必要な視点と心構え
――持続する社会を目指して

持続する社会をつくるには、質の高い教育が求められます。質を高めるには新しい革袋*が必要です。それには発想の大転換です。これまでの良さを残しつつ、新しさを追求するのです。まさに温故知新の「知新」に重きを置くのです。

1「一〇〇点主義」から「一〇一点主義」へ

あなたの指導方針は、「一〇〇点主義」ですか、それとも「一〇一点主義」ですか。多くの指導者は一〇〇点主義をとってきました。目標を掲げゴールを目指して完璧に達成するのが、一〇〇点主義です。

*新しい思想や内容を表現するには、それに応じた新しい形式が必要だということを表した格言より。『新約聖書』マタイ伝第九章の一節に基づく。

学校のテストも一〇〇点主義を目標に掲げています。子どもが一〇〇点を目指すのはよいのですが、これからの指導者は果たして一〇〇点主義でよいのでしょうか。一〇〇点主義は弱点を持っていないのでしょうか。

教わる者が一〇〇点を目指し達成すると、達成感があります。これは十分理解できます。

ところが、指導者が一〇〇点主義を目指すだけだと、教わる者は目標を達成した後、目標を失うのです。俗にいう「燃え尽き現象」（バーン・アウト）が生まれるのです。

中学校の野球部を例にとります。指導者が一〇〇点主義を貫くと、夏の大会が終わった後、彼らは何を目標にがんばればよいか、わからなくなります。挙げ句の果てが、することがないので、眉毛を剃ったり、髪をちょっと染めたりします。

指導者は一〇〇点主義でなく、達成した後を見据えた一〇一点主義を掲げるべきなのです。常に先を読む姿勢が求められます。

一〇〇点は、目標をきちっと掲げ、手段をはっきりさせて緻密な計画を練り、行動を具体化させ、そして努力させることで達成できるでしょう。目標と手段を取り違えずに方向性を示し、生徒の動機づけをすれば到達は可能です。手続きが明示できるからです。

ところが、一〇一点主義はこれまでのプロセスを示すだけでなく、これからの方向性も打ち出します。指導者は、教わる者に燃え尽き現象を起こさせてはいけません。一歩先を提示して、やる気を起こさせるのです。まさに先読みです。

一〇一点主義は、九九点主義とも似かよっています。九九点主義には一〇〇点を目指すという明確な目標があります。これに向かっている間は燃え尽き現象は起きません。

九十九歳のお祝いを「白寿」といいます。あと一画で「百」つまり「百寿」に達するからです。次の目標が明確に示されているのです。

2「積み上げ方式」から「逆算方式」へ

二月になると、なぜか道路工事が始まります。どうして四月や五月から始めないのだろうか、と思います。

これは年度末になり、余った予算を使い切りたいからです。日本の予算は単年度主義といわれます。予算を年度内に使い切らないと、返上しなければなりません。

同じことが学校でもいえます。校長や教頭から、二月になると県外出張しないか、と声がかかる場合があります。これも用意していた出張予算が使い切れなかったからなのです。一年の予算をあらかじめ策定し、順次に消化しておけば、このようなことは生まれないのです。

このように行き当たりばったりな使い方は、積み上げ方式といわれます。目標となるゴールを設定することなく、とりあえず行動を起こすのです。


教育雑誌が一番売れるのは、三月に発売される四月号です。そして、一番売れないのは二月に販売される三月号です。

なぜでしょうか。

年度末も目前の二月、人事の話が職員室で飛び交うようになると、授業へのエネルギーが薄れてきます。授業も教科書を読むだけの消化型になりがちです。たとえクラスが崩れていたとしても、学級の立て直しもままなりません。このような状態では、新たな教育情報を吸収しようという意欲がわきません。

そして三月には異動が確定します。だいたい次年度に受け持つ学年が決まります。来年度こそはと新しい学級づくりに燃えます。ですから、早く教育情報を手に入れたいのです。

しかし、その繰り返しで教育情報を場当たり的に集める積み上げ方式では、何年たっても成果はみられません。

逆の発想が逆算です。まず三月の卒業式や終業式での到達目標を選定し、逆算して学期ごとのサブ到達目標を設定します。

中学受験で有名な日能研は、小学校六年生の二月の私立の受験から逆算して、四年生、五年生のカリキュラムを編成しています。これまでの五、六年生の二年間ではなく、四年生からの三年間を想定した学習体制を組んでいるのです。

この逆算が得意であったのが、選手時代の長嶋茂雄です。長嶋はバッター・ボックスに入る前に、配球とピッチャーのモーションの癖をよく読んでいたそうです。

「神様、仏様、稲尾様」といわれた稲尾和久投手の決め球は直球、スライダー、シュートでした。ボールの握り方が同じだったので見分けはつきませんでした。そこで長嶋は三つの球種の配球を読み、そこから山を張ったのです。

長嶋はひらめきや直感から打っているかのようにいわれますが、その前に緻密な逆算があったのです。


高校野球で逆算しなかった例を挙げます。

千葉県に拓殖大学紅陵高等学校という野球が強い高校があります。一九九二年の夏、甲子園では一、二、三回戦をとんとん拍子に勝ち進み決勝戦まで行きましたが、優勝はできませんでした。その時の監督・小枝守は戦いの後の談話で、次のように述べています。

「私は甲子園では一勝すればよいと思っていました。それがクジ運にも恵まれ、しかも選手が勝つに連れて自信を深め、決勝まで勝ち進みました。指揮官としては、甲子園に出場する前、決勝戦までどう戦っていくか、そのためには投手は何人必要か、という考えを持っていませんでした。決勝戦から逆算して一回戦を戦う発想を持っていなかったのでした。それが決勝戦で負けた敗因だと思います」。

これまでの積み上げ方式の学校文化を捨てて、逆算方式を取り入れる時期にきているのではないでしょうか。

3「通信教育」と「塾」と「学校」

通信教育と塾と学校のそれぞれのよさをちょっと考えてみてください。

通信教育はリモートで学べます。そこには教える人はいません。手許にあるのは教材だけです。通信教育の典型な組織の一つに「ベネッセ」があります。

通信教育のねらいは自学・自習です。一人学習です。ですから、命は教材となります。一人学習ができ、おもしろくてわかりやすい教材でないと、子どもはすぐにやめてしまいます。

企業はこの教材開発に資金と人材を投入します。しかし、それだけでは子どものやる気の動機づけには不十分です。

そこで考えたのが赤ペン先生です。一人ひとりをほめるシステムを導入したのです。赤ペン先生はできた人には花まるを付けますが、できなかった人でもどこかよいところを探し、例えば、次のようにほめます。

「字がはっきり書けています」

「字のハネ方がすばらしいです」

「定規をきちんと使っています」

通信教育は自学・自習ですが、それだけでは子どもはサボります。そこで、遠くにいる先生が「あなたを見ています。よい点はほめてくれます」というシステムをつくり上げています。

次に、塾のよいところは、自分で選べることです。教室と通う時間（や曜日）とレベルを自分の能力や願望で決められます。

塾形式の典型的な組織に「公文」があります。公文の目玉は、一〇〇点主義とスモール・ステップの学びと無学年制、それから「不規則」です。

公文は一〇〇点を取らないと次のステップに進めません。九〇点ではだめなのです。達成感と定着をもっとも大事にしています。

一〇〇点を取ることは誰でもできるわけでありません。そこで、ちょっとがんばれば一〇〇点が取れる仕組みを開発しています。例えば、算数ではやさしい問題を五問ほど解かせます。これがスモール・ステップです。ちょっとがんばれば達成できるのです。

次に無学年制があります。四年生の子どもでもかけ算九九ができていなければ、それに挑戦できます。学習指導要領に沿っていません。とにかく落ちこぼしをつくらないのです。

中でも子どもに人気があったのは、かつてはあった、教室に通う時間を自分で決めることができるしくみでした。三〇分学んだ後、遊びに行けました。遊びが終わって戻って学ぶことも可能でした。これが「不規則の時間」です。

それから公文は自己採点を認めません。教室には、採点して、次の課題を提示してくれる高等教育を受けた大人がいます。品質の保証を第三者が行うのです。

学校のよさは、教える教師と手本にする教科書と一緒に学ぶ子どもが揃っています。教室では教師が教科書を使って教えてくれます。わからない所は質問もできます。教科書は学習指導要領に従って作成されており、質の保証ができています。

そして、クラスがあり一緒に学べる同じ年の子どもたちがいます。議論したり、協力したり、一緒に遊んだりします。

教科指導だけでなく、学校行事や儀式、それから勤労体験などの特別活動もあります。特別教科の道徳もあります。「知・徳・体」のすべてが用意されています。

塾と学校は教室展開です。学校のキーワードは、教え・教わる関係です。公文は教わりませんが、学ぶ空間で大人が管理しています。

それに対して、通信教育のキーワードは自学・自習です。教える人はいません。一人で学ぶ自力学習です。

これからの学校改革は、どの道をたどればよいのでしょうか。それぞれのいいとこ取りをする必要がありそうです。

4「農耕文化」と「海洋文化」

日本には三つの文化があるといわれます。一つは農耕文化、二つ目は海洋文化、三つ目は狩猟文化です。

一番多いのが農耕文化で、粗くいって七〇％ほどです。次が海洋文化で二五％ほど。一番少ないのがシカやイノシシなどを獲る狩猟文化です。

農耕文化の典型は稲作に見られます。田植えはみんなで協力し、ラインを目印にして一斉に順序よく植えていきます。一人でも遅れるとみんなに迷惑をかけます。

田植えの後は、こまめに雑草を抜き取ります。これを抜かすと収穫は半減します。収穫の前には雀よけに案山子《かかし》を立てます。カモフラージュの人形をこしらえ、太鼓の音で脅します。そして、収穫の時は近所の人、総出で手助けをします。農耕文化は手間暇をかけ多くの手続きを用意します。

海洋文化の典型は延縄漁《はえなわ》に見られます。漁はいつも仕事ができるわけではありません。時化《しけ》の時は破れた網を直したり、漁師小屋で花札や麻雀をしたりして過ごします。出港は朝とは限りません。潮の流れによっては順不同で不定期です。深夜出かけるときもあります。読みが当たれば大漁です。外れれば坊主となります。一攫千金の世界です。不確かなのです。

狩猟民族は、イノシシや熊を獲るには命がけです。一人で山に入り孤独に耐えなければなりません。頼れるのは自分だけです。独立独歩の世界なのです。

そして、一点集中しなければ獲物を逃がします。逃がせば一家の生活を支えられません。責任重大です。集中、孤独、責任が狩猟民族の文化の中心となるわけです。

農耕文化は手続きがハッキリしています。順序よく運びさえすれば達成できます。作業過程は手続きなので教えることが可能です。

一方、海洋文化と狩猟文化は変化が多くて先が読めません。教えられることより獲得することが多くなります。信じられるのは自分の知恵と身体だけです。

これらはまた、弥生文化と縄文文化の比較にも似ています。

弥生文化はいうまでもなく稲作という農耕が中心です。土地への定着が進み、集団的な営みが生まれ、農作業で協力と助け合いが活発になります。

そこでは、一年間を見通した記録、実りを豊にする草取りの勤勉さ、協働での作業が大切になります。仕事はルーティン化され始めます。

一方、縄文文化は狩猟と漁業が中心です。生活は定着せず、獲物を追って移動します。大きな群れをつくらず、少数の単独行動が多くなります。

生活リズムは一年単位でなく、極端にいえば、日々が戦いです。今日獲れても、明日獲れるとは限りません。

明日を考えて生きるのが弥生文化です。今に生きるのが縄文文化です。

これからは、海洋文化や狩猟文化で育成される行動特性も求められるでしょう。

5 「テクニカルスキル」「コンセプトスキル」から「ヒューマンスキル」へ

就職活動は大学生にとって、人生を左右する重大な通過儀礼です。
新入社員の採用を担当する人事担当者は、学生の何を見ているのでしょうか。
次の三つのスキルを見るといわれます。

「テクニカルスキル」
「コンセプトスキル」
「ヒューマンスキル」

テクニカルスキルは、例えば、英語能力を保証するＴＯＥＩＣやＴＯＥＦＬの点数、あるいはパソコンでホームページを作成したり、表計算ソフトを使いこなす能力、または資格検定などのことをさします。これらは高等教育の機関で習得できる力。いわば、学校教育の成果であります。

コンセプトスキルは、部活動の部長や主将、マネージャーの経験、あるいは学園祭の実行委員長やボランティア活動の経験などで得られる、集団をリードする力や交渉能力などです。すなわち、みんなに展望を示し、集団を動かす力。学校の特別活動や職場体験などの社会体験で身につける力です。

ヒューマンスキルは、一言でいえば人間力です。自分だけが体験したことを自分の言葉で表現する力。誰にも真似できない体験を、多くの人にわかりやすく、自分の考えた言葉で説明する力でもあります。体験と言語の力が必要になります。

面接の時、一番重んじられるのがこのヒューマンスキルだ、といわれます。

テクニカルスキルは高等教育を受けた大学生なら持っていて当然で、コンセプトスキルは難しいですが、集中的に活動すれば身につけることができます。

ところが、ヒューマンスキルは、一朝一夕には身につきません。漢方薬のようにジワジワ効いてきます。だから、身につけるには手間暇がかかります。小さい頃からの失敗を重ねた様々な体験の累積効果でもあります。

難しいのが、このヒューマンスキルを持っているかどうかを判断する方法です。

二つ考えられます。

一つは、三〇分以上の面接に耐えられる力です。

例えば、一五分の面接では大学生はボロを出しません。人の言葉をあたかも自分が考えたように話します。短時間なら場を取り繕うことができます。

しかし、三〇分を越す面接では、自分の生（ナマ）の体験を自分で考えた言葉を使って話さないと、間が持たないのです。疑似体験を語り、借り物の言葉を使うだけでは迫力不足で、相手に好印象を与えることができません。本人のこれまでの体験の累積、総合力がものをいうのです。

もう一つはへこたれない力です。

この「へこたれない力」とは何でしょうか。一言でいえば、打たれ強いことです。つまずきや逆境に負けず前向きに進む。ハンディキャップをアドバンテージに変える。とにかく粘り強いことです。そして、雪が積もってもポキリと折れない竹のようなしなやかさです。

国立青少年教育振興機構が平成二九年に行った調査（「子供の頃の体験がはぐくむ力とその成果に関する調査研究」）では、「へこたれない力」を次の五項目で調べています。そして、この五項目を加算して、「へこたれない力」尺度をつくっています。

・何事も前向きに取り組むことができる
・どんなに難しいことでも、努力をすれば自分の力でやり遂げられる
・厳しく叱られてもくじけない
・失敗してもあきらめずにもう一度挑戦することができる
・ひどく落ち込んだ時でも、時間をおけば元気にふるまえる

興味深いのは、この力と次のような逆境や困難に直面した場面との結びつきが強いことです。

・長く付き合っていた恋人に、理由もなく突然ふられた時の対応
① 食事がのどを通らないほど落ち込んだ
② 落ち込んだが、これも人生の肥やしと思った
③ ふった相手が悪いと思ってあきらめた
・第一志望の学校を目指して努力し頑張ったが、合格しなかった時の対応
① 自分に能力や運がないと、悲観した
② 第一志望をあきらめきれず、再度受験を試みた
③ 第一志望をあきらめて、別な学校に挑戦した

「へこたれない力」の上位群は、それぞれ②を選択しています。

へこたれない力を持っている人は、恋人にふられたことを人生の肥やしにし、第一志望の学校の入試に失敗しても、あきらめずに再度挑戦するのです。

テクニカルスキルは学校で身につきます。コンセプトスキルは学校の特別活動等の体験で身につきます。

ところが、ヒューマンスキルは学校内よりも学校外の生活体験、社会体験、自然体験を通して身につけていくのです。

今後、学校内と学校外の体験活動をどうカリキュラムに取り入れるか、が課題になってきます。

6「平均寿命」より「健康寿命」を

平均寿命は、年齢別の推計人口と死亡率のデータを使い、年齢ごとの死亡率を割り出します。そして、このデータをもとにして平均的に何歳までに寿命を迎えるか、を算出します。

その年に生まれた子どもがその後何年生きるかを推計したものが平均寿命になります。つまり、0歳の時に何歳まで生きられるかを統計的に予測したものです。したがって、平均寿命は亡くなった人の平均年齢ではないのです。

平均寿命は科学的に推計し予測できます。客観的なデータベースで考えることが可能です。

一方、健康寿命とは、「心身ともに自立し、健康的に生活できる期間」と定義されています。具体的にいえば、子どもに介護の世話にならず、病気で病院に入院せず、自分一人で身の回りのことができる状態なのです。

この健康寿命は数値化できません。個人個人それぞれ事情が異なります。一括りで数えることは不可能です。しかし、健康寿命を伸ばすヒントは提示できます。

持続可能な社会を維持するには、多くの人が健康で過ごすことです。持続可能な社会を維持する開発目標SDGsの17ある目標の3番目に「すべての人に健康と福祉を」があります。元気で百歳まで生きることで、健全な財政を維持できるのです。そして、少子化時代においては人材の確保も可能となります。

健康寿命を伸ばすには何が必要でしょうか。

それは三つあります。

① バランスのとれた栄養の摂取

栄養の三要素は炭水化物とタンパク質と脂質です。日本では昭和五〇年代の食生活が一番バランスがとれているといわれます。海の幸と山の幸の二つの「幸せ」を食卓に揃えていたのです。食育への関心もありました。

今は、「孤食」の時代といわれています。学校・園や家庭での「食育」が大切になります。

② 体を動かす

最適なのがスポーツです。外で仲間と身体を動かすのです。長野県では「ピンピンコロリ体操」まで開発し、健康寿命を伸ばそうとしています。「ピンピンコロリ」と言うのは、ピンピンと長生きをして死ぬときはコロリと死にたいという健康長寿への願いです。

今、子どもの外遊びが減り、体力が低下しています。東京都は危機意識を持ち、一日に一万五〇〇〇歩動くガイドラインを設定しています。それでもなかなか達成できていません。身体を動かす機会を多く設けなければならないのです。

③ 社会に出かけボランティア活動をする

部屋に閉じこもるのではなく、積極的に外に出かけ人と交わるのです。できるボランティア活動を通して人と関わり、ちょっぴり地域貢献をして自己肯定感を高めます。

学校だけでなく、子どもたちが地域に出かけ「まちづくり」に貢献します。これは、SDGsの11番目の目標「住み続けられるまちづくりを」に該当します。

『長生きできる町』（近藤克則著、角川新書）という本があります。その中に健康寿命を伸ばすエビデンスが多く紹介されています。

近くに公園がある人とそうでない人で健康寿命が違います。公園が近くにある人ほど外に出かけ身体を動かすチャンスが多いので健康を保てる、といいます。社会教育でも興味深いデータがあります。図書館が近くにある人ほど健康寿命が長いというのです。知的好奇心を高めるだけでなく、外に出かけて人と交わることもよい結果をもたらしてくれます。

また、極めて興味深いアメリカの研究成果も紹介されています。健康寿命が長い双子と短い双子の比較をしています。長寿の秘訣はDNA（遺伝）か、社会（環境）かに関心を持っています。結論を先にいえば、ＤＮＡの影響力は二五％ほどで、後の七五％は生活の仕方、というのです。

日本でも面白い研究があります。百歳を過ぎてもお元気だった「きんさん、ぎんさん」のぎんさんの娘さんは四人とも健康で長寿です。その原因は何かを研究した現代学研究所の革新知能統合研究所のチームリーダー・大武美保子によれば、ＤＮＡも関係するが、最も効果的なのは四人がとても会話を楽しんでいることだ、というのです（「〝おしゃべり〟で老化を防げ！～ぎんさんの娘たち　元気の秘密～」ＮＨＫ「クローズアップ現代」二〇一二年一一月一五日放送）。一人が勝手にしゃべるのではなく、会話のキャッチボールをすることで、脳を活性化させている、といいます。会話を通した笑いは健康状態をハッピーにさせています。これからの社会は、楽しい会話を多くし、「笑う門には福来たる」を実現させたいものです。

あとがき

学生時代に、教育方法の授業で潜在カリキュラムと顕在カリキュラムという言葉を学んだ記憶があります。もう四十数年前の話です。

顕在カリキュラムは明文化された教育内容と方法です。典型が学習指導要領です。具体的には学校の時間割に示されています。

潜在カリキュラムは、隠れたカリキュラム（レイテント・カリキュラム／ヒドゥン・カリキュラム）といわれ、教育するものが意図するとしないとにかかわらず、子どもたちが学校生活の中で学び取っていく事柄というものです。

この隠れたカリキュラムとは何だろうかという考えが、ずっと頭から離れませんでした。教える側が意図してもしなくても、子どもが学び取っていく事柄とは何だろうか――。小学生のころ友だちと作った秘密基地遊びや中学校の修学旅行で教師の目を盗んで行った枕投げ、それから高校時代の自転車での一人旅などが、隠れたカリキュラムになるのでしょうか。こうした経験が今、どんな効果をもたらしているのでしょうか。

教えることで何が伝わり、何が伝わらなかったのか。教わらなくても何を覚え、身につけたのか。それぞれがどうもはっきりせずに、ブラックボックス状態でした。

これまでの学校教育では、教師が教えることが伝わり、子どもはそれを理解し覚えて、身につけていくのだという前提がありました。しかし、果たしてそうでしょうか。教えられることなく身につけたことは、数知れないのではないでしょうか。

この本は、こうした不明瞭な学びにおける素朴な疑問に答えるためにまとめたものです。その意味で、新しい試みだと自負しています。これからの学びのためにも、「教えられること」と「教えられないこと」の違い、子どもが自ら学ぶ動機づけとそのタイミングのさらなる解明が待たれます。

最後になりますが、この本の出版に対して、さくら社の横山験也社長、良知令子氏に並みなみならぬお世話になりました。この場を借りてお礼申し上げます。

令和三年　一月吉日

明石要一

◆著者紹介

明石要一（あかし よういち）

千葉大学名誉教授・千葉敬愛短期大学学長。

専門は教育社会学（青少年教育）。

大分県姫島村出身。奈良教育大学卒業後、東京教育大学大学院修士課程修了、同博士課程単位取得満期退学。千葉大学教育学部助手、講師、助教授を経て、1993 年同教授、2013 年定年退職。2014 年より現職。

文部科学省中央教育審議会委員、同生涯学習分科会会長、千葉県地域訓練協議会委員、千葉県地域ジョブカード運営本部委員等を務めるほか、『子どもの規範意識を育てる』明治図書、『ガリ勉じゃなかった人はなぜ高学歴・高収入で異性にモテるのか』講談社α新書、『生き方が見えてくるナガシマ学』オークラ出版等著書多数。

教えられること 教えられないこと

2021年3月3日　初版発行

著　者　明石要一
発行者　横山験也
発行所　株式会社さくら社
〒101-0051　東京都千代田区神田神保町2-20 ワカヤギビル507号
TEL：03-6272-6715／FAX：03-6272-6716
http://www.sakura-sha.jp　郵便振替 00170-2-361913
ブックデザイン　佐藤 博
印刷・製本　中央精版印刷株式会社

ISBN978-4-908983-49-8　C0037

さくら社の理念

●書籍を通じて優れた教育文化の創造をめざす

教育とは、学力形成を始めとして才能・能力を伸ばし、目指すべき地点へと導いていくことでしょう。しかし、そこへと導く方法は決して一つではないはずです。多種多様な考え方、やり方の中から、指導者となるみなさんが自分に合った方法を見つけ、実践していくことで、教育文化は豊かになっていきます。さくら社は、書籍を通じてそのお手伝いをしていきたいと考えています。

●元気で楽しい教育現場を増やすことをめざす

教育には継続する力も必要です。同時に、継続には前向きな明るさ、楽しさが必要です。先生の明るい笑顔は子どもたちの元気を生みます。子どもたちの元気な笑顔で先生も元気になります。みんなが元気になることで、教育現場は変わります。日本中の教育現場が、元気で楽しい力に満ちたものであるために——さくら社は、書籍を通じて笑顔を増やしていきたいと考えています。

●たくましく豊かな未来へとつなげることをめざす

教育は、未来をつくるものです。教育が崩れると未来の社会が崩れてしまいます。教育がたくましくなれば、未来もたくましく豊かになります。たくましく豊かな未来を実現するために、教育現場の現在を豊かなものにしていくことが必要です。さくら社は、未来へとつながる教育のための書籍を生み出していきます。